金融衍生品的本质

THE ESSENCE OF FINANCIAL DERIVATIVES

沙 石 ◎ 编著

中国金融出版社

责任编辑：李 融　李林子
责任校对：李俊英
责任印制：张也男

图书在版编目(CIP)数据

金融衍生品的本质 / 沙石编著. —北京：中国金融出版社，2021.5
ISBN 978-7-5220-1174-5

Ⅰ.①金… Ⅱ.①沙… Ⅲ.①金融衍生产品—研究 Ⅳ.①F830.95

中国版本图书馆CIP数据核字 (2021) 第098766号

金融衍生品的本质
JINRONG YANSHENGPIN DE BENZHI

出版
发行　中国金融出版社

社址　北京市丰台区益泽路2号
市场开发部　(010) 66024766，63805472，63439533 (传真)
网 上 书 店　www.cfph.cn
　　　　　　(010) 66024766，63372837 (传真)
读者服务部　(010) 66070833，62568380
邮编　100071
经销　新华书店
印刷　保利达印务有限公司
尺寸　169毫米×239毫米
印张　15.25
字数　202千
版次　2021年6月第1版
印次　2021年11月第3次印刷
定价　68.00元
ISBN 978-7-5220-1174-5
如出现印装错误本社负责调换　联系电话 (010) 63263947

序 言

落笔之际，想起了10多年前一家上市公司老总给我讲他们利用衍生品的故事。他说，从20世纪90年代开始，他们利用国内外股票和期货两个市场，一方面通过国内外股市融资发展企业，另一方面利用国内外衍生品交易保护企业。依靠两个市场，促进了企业发展壮大，今天他们的企业已在全球行业排名中位居前列。2008年国际金融危机后，这位老总火急火燎地来找我，说由于国外金融衍生品出问题了，他们被要求停止衍生品交易。他说，一旦停止，他就不知道该如何管理企业了。还有位大商所老总给我讲了黑龙江农民卖大豆的故事。他说，过去"中间商"收购农民的大豆，收购价不透明，中间差价被"中间商"吃了，农民在交易上吃了不少亏。后来，农民利用大商所的期货价格和"中间商"讨价还价时，价差没有了，农民增加了自己的利润，捍卫了自己的利益。这两个故事说明，无论是企业还是个人，无论是工业还是农业，衍生品都是生产经营管理的重要工具，是实体经济的真实需要。它的发展壮大，对国民经济有益、对社会生活有益。

衍生品市场已有100多年的历史，先是商品期货后是金融期货。20世纪70～80年代，在外汇、利率、股票期货、期权等金融衍生品出现之前，商品期货是主要的衍生品。由于商品期货具有发现价格、套期保值的功能，一直被实体企业运用得很好，也为最早建立期货市场的欧美国家带来了大宗商品定价影响力。比如今天美国、英国的期货市场已经成为全球大宗商品定价中心。我国进口原油、大豆、玉米、铜等大宗商品时，一般都以芝加哥商业交易所、伦敦金属交易所等的期货交易价格作为贸易谈判的定价基准。我国一些大型企业也在海外利用这些市场进行套期保值，管理国际贸易中的风险。我国有色金属行业90%以上的企业都参与了期货市场，从已有研究来看，20多年来，这个行业的经营绩效和利润都稳定持续增长。2010年我国正式推出了股指期货后，一些证券公司利用股指期货管理风险，保持了企业的稳定经营，为资本市场的稳定提供了市场化的支持。目前，中国衍生品市场已经形成一定规模，具备了为实体经济服务的基本能力。

我国的衍生品市场是在国家的倡导和支持下建设与发展起来的。中国衍生品市场始于商品期货市场的建立，历史很短，只有30年。作为改革开放产物，20世纪90年代初期是试点期，摸着石头过河。发展出现问题后，国家进行了整顿规范，但没一棍子"打死"，留了几个品种继续试；2000年后，国家支持期货市场稳步发展，并支持在推进商品期货发展的基础上研究开发金融期货、期权；2008年国际金融危机以后，在金融衍生品负面舆论不少的情况下，我国毫不犹豫地批准了股指期货、国债期货等金融衍生品上市交易。2015年我国股市异常波动，在汹涌澎湃、口诛笔伐的舆论面前，国家没有停止股指期货交易，仅仅是采取了限制性的措施。

如今，我国衍生品市场大胆探索、创新不断，市场在量和质上都大幅度提升，既有商品期货，又有金融期货；既有场内期权，又有场外期权，新产品不断上市，开放度持续提高。截至2020年末，有90个场内衍生品上市交易，其中6个对外国投资者开放，市场功能的发挥上了一个新台阶。我国金融衍生品市场的发展壮大，极大地促进了我国有弹性、韧性和有影响力的资本市场建设。

从试点开始到现在，国家对金融衍生品的发展，自始至终都是重视的。但也不可否认，无论是学界还是舆论界，对金融衍生品的解读还是负面居多，影响了人们对金融衍生品全面、完整的认识。

金融衍生品交易，可以使资本市场更富有弹性、韧性和影响力。资本市场的吸引力是建立在"三公"原则和严格的监督执法基础上的。在这个基础上，流动性是资本市场是否具有弹性、韧性和吸引力的重要标志。流动性意味着在明确的规则下，投资者有随时买入和卖出的自由和权利。金融衍生品，由于其特殊的产品设计和交易机制，有比基础资产商品、股票、债券更高的流动性，金融衍生品交易与证券市场交易配合得当，可以带动整个资本市场流动性的提高。

金融衍生品交易，可以使资本市场成为有风险管理的资本市场。金融衍生品市场从价格发现和风险管理两个方面强化和完善了资本市场的制度基础，它的风险对冲功能具有缓解流动性危机的功效，成为20世纪70年代以来金融市场上最重要的资本市场创新。它不仅使资本市场成为真正的有风险管理的资本市场，提高了资本市场的规模与凝聚力，还强化了资本市场的全球竞争力，促进了资本跨国流动和资源的全球化配置，提高了实体经济增长和产业升级的能力。

金融衍生品交易，可以成为资本市场深化发展的助推器。经济史的演变告诉我们：资本经历了三轮递进式的变化。第一次是农业社会中劳动者与土地和生产资料的所有者分离，这时候资本虽然存在但力量微弱，没有产生衍生品市场；第二次是机器和电气化革命后出现了股份制公司，公司的资本所有权与经营管理权分离，股东与经理人各负其责，出现了全球性的制造中心，以及大宗商品国际贸易，从而产生了大宗商品衍生品市场；第三次是20世纪80年代世界进入信息化社会后，资本的资产所有权属性与资本的价格所有权属性分离，在信息技术的支持下，产生了可以独立于基础资产而交易的金融衍生品。一批金融工程师通过创新把金融基础资产的价格属性与金融资产本身的所有权属性进行剥离。不同金融资产的价格属性被金融工程师和信息技术整合为易于识别、通用的、可交易的价格基准，从而出现了一个仅是交易金融基础资产价格属性的金融衍生品市场。

这种剥离引致了金融衍生品的隐秘性，不易被理解。过去资本经历的两种分离，比如农业社会的土地、生产资料等资本与雇农的分离，工业社会的股权和资本家分离，皆是可视、可触摸的形态，都是很具体的内容。但是资产的价格属性与资产的股权属性分离，并独立成为交易标的，实在是太抽象，不可视、不可触摸，难以理解。

我把这种隐秘性概括为三点内容，即资产的依附性、功能的隐蔽性、舆论的结构性。

资产的依附性——金融衍生品交易的是资产所有权的价格属性而不是资产本身。虽然可以剥离，价格属性总是依附于基础资产；无论是商品还是金融衍生品，都是在商品、股票、债券、汇率这些基础资产上设计的产品。"皮之不存毛将焉附"，这种依附性使人们对基础资产更关心、更敏感，而对依附物因其虚拟性经常视而不见。但这种变化使衍生品竞争的目的不再表现为特定公司利润最大化的竞争，而是更直接的资本相对价值的竞争。交易者摆脱了资本个性特征即公司属性的羁绊，将注意力集中到资本的共同属性,即资本的相对价格。由于采取了保证金高杠杆的交易机制,形成了高风险、高回报市场,如果缺乏必要的内部控制和必需的外部监管,容易激发交易者的狂热情绪,形成过热交易,过度投机、放大风险。一旦商品、股票、债券等基础资产市场出现问题,金融衍生品这个依附物(基础资产的价格属性)必然在舆论的聚光灯下被反复照射。尤其是在现货市场价格波动剧烈,下跌迅速时,损失的剧痛常常是把处于依附地位的衍生品市场拉出来批评"吊打"。这种情况我们在1987年的美国、20世纪90年代的日本、2015年中国股指期货遭遇的舆论旋涡里都曾看到过。

功能的隐蔽性——由于衍生品是资产分离后的价格属性,许多人享受其功能获利而不知。比如前面提到的黑龙江农民并没有参与衍生品市场交易,却能够无偿地使用期货价格来保障收益。同时,衍生品交易形成的流动性,让套期保值者方便进入市场完成风险管理。但人们很难看到这是衍生品交易形成的,供大众无偿享用的福利。由于它没有表现为看得见、摸得着的东西,就像人们生活中对空气的无偿享用而浑然不知一样,忽略了衍生品市场对经济的润滑作用。银行信贷、股票债券有利于实体经济的观点被人们普遍接受。银行信贷的间接融资,即银行向生产经营者、个人消费者提供贷款,储蓄者存款取得利息收入等活动是十分直观和具体的。证券市场的直接融资,即融资者发行股票、债券,企业从证券市场筹集的资金等也十分清晰、可视可见。投资者在证券市场买卖股票、债券,赢钱亏钱也一目了然。以上两种金融模式对国民经济的积极作用和表现是显性的、明确的。而金融衍生品的功能,如雾里看花不真切、不直观、不好说,具有隐蔽性,不容易看得清楚,容易形成误解。

舆论的结构性——商品、股票、债券等现货市场的利益群体大于衍生品市场数十倍甚至百千倍。投资者的结构带来舆论的结构性问题。比如证券市场的开户数有1亿多，而期货市场的开户数仅有100多万，前者是后者的100多倍。大众掌握的现货资产信息要远远多于掌握的金融衍生品信息，信息也出现结构性不对称。金融衍生品依附于现货资产，而功能又具有隐蔽性，一旦现货市场出现问题或危机，巨大的现货市场利益群体在寻找问题的原因时，一般会两眼朝外。商品和金融衍生品市场公开透明，价格涨跌都是具体实在、一目了然的，容易成为被针对的对象；一旦有舆论引导，就极可能形成一呼百应、群起而攻之之势。虽然这个市场的监管者和组织者最清楚、最了解金融衍生品的意义，但他们是少数派。因此，应该看到这不是产品本身的对与错，是投资群体的多与寡，是现货资产市场与衍生品市场舆论影响力的结构性问题。

衍生品上述三个特性决定了，在现货资产市场上出现问题时，衍生品市场必然受到指责，成为替罪羊。

风物长宜放眼量。从金融发展史看，一个新市场产生后，社会对它的接受有一个过程，需要时间这个磨合器。

银行信贷自意大利美第奇家族发明以来，已经历了700年，早期意大利的银行家也是不被社会待见的，从莎士比亚《威尼斯商人》对高利贷者夏洛克"一磅肉"的描写可见一斑。而今天，社会对银行完全接受。资本市场历史已有300多年的历史，市场操纵、内幕交易和欺诈，也让人直戳脊梁骨，其社会的正面作用也是在蹉跎岁月中逐步被认可，今天社会已经接纳资本市场。衍生品市场自商品期货发展100多年、金融期货发展50多年来，以"零和博弈"闻名于世，多空双方"打打杀杀"，在市场规范进程中，社会开始接受其价格发现、风险管理的功能，但接受的广度、深度远远不如银行与资本市场。我以为，社会全面认可金融衍生品市场尚须时日，只要我们把时间轴拉的长远些，也就可以气定神闲地看待它了。

沙石先生抱着普及宣传金融衍生品的目的，将他长期在国内外金融衍生品市场的实践经验与思考形成的文章结集成书，取名《金融衍生品的本质》出版，试图向人们说清楚金融衍生品的意义和作用，推动全社会对金融衍生品市场的进一步关注和了解。我很赞同他的努力，也认同书中的主要观点，希望这类摆事实讲道理的书和文章越来越多。我认为，金融衍生品市场有利于国民经济发展，已是不争的事实。

同时，我也想起一句话"要想论证某一个事物不好，有一堆事实；要想论证某一个事物好，也有一堆事实"。要想论证金融衍生品的是与非，有一大堆事实可说，只不过要看是出于什么角度而已。利用过这个市场的人都认为它有极大的存在价值和积极作用，而批评者可能在一段时间内也很难认同前者，因此就更需要各种观点的碰撞和交流。以上读书感受，权当为序。

全国政协委员、中国证监会原副主席

2021年2月

自 序

2013年，我离开了工作近20年的外资投行，加入了中国金融期货交易所，担任国际事务高级专家。时任中金所董事长张慎峰和总经理胡政希望我帮助推动交易所业务和产品的国际化进程。当时中金所股指期货和国债期货产品的交易规模稳步增长，市场认可度不断提高，跨境交流也十分活跃。境内外交易者、交易所和监管机构都对中国金融衍生品市场的国际化持有较高的期待和乐观的态度。我本人也积极地投入股指期货产品的跨境合作和市场开放的筹划和准备之中。

2015年夏秋之交，正当交易所积极筹备股指期货国际化的关键时刻，中国A股市场上演了过山车式的异常波动行情。6月中下旬，沪深股市经过数月的暴涨之后，开始进入了大起大落、大幅回撤、大面积跌停、大面积停牌和杀跌踩踏等极端行情。最终在累积下跌近50%之后股票市场才得以在2016年6月止跌企稳。2015年股市异常波动后，舆论很快将市场下跌的责任指向股指期货，股指期货市场随之受到了严格的限制；而当时正在积极推进的股指期货跨境合作计划也被迫放弃。

2015年股市异常波动期间实施的许多股指期货交易限制措施延续了数年之久。股指期货成交量极度萎缩成为常态，国际化的努力突然失去了抓手，很多人陷入了迷茫和等待。我很快意识到中国金融衍生品市场发展的最大障碍是社会各界，包括很多业内人士，普遍缺乏对金融衍生品意义和作用的客观认识。很多人错误地认为金融衍生品仅是一个以小博大的投机工具，它非但不能促进资本市场发展和实体经济增长，还经常造成市场波动，引发风险事件。虽然金融衍生品价格发现、风险管理等方面的作用被时常提及，但在大多数人眼里，这些好处比起它对市场可能造成的"伤害"不值一提。

出于一种无奈和责任，我的工作重点也从那时开始转向了对金融衍生品意义和作用的反思中。首先我希望从欧美市场危机后对金融衍生品市场的反思和辩论中吸取经验教训。其次我试图从各个角度反复论证金融衍生品市场与证券市场和实体经济的关系，以及金融衍生品在市场危机中的作用。2018年以后，金融衍生品市场开放的呼声又起，我也重新拾起了相关国际化问题的研究。

《金融衍生品的本质》一书取材我在2015年市场异常波动后撰写的一系列关于金融衍生品的宏观经济意义、金融衍生品在市场危机中的作用、金融衍生品国际化和其他相关议题的研究报告，其中绝大部分曾经发表在专业刊物上。金融衍生品研究经常给人以晦涩难懂的印象，本书试图摆脱金融衍生品在定价估值和交易策略等微观层面上的细节描述、定义、公式、图表和举例，努力用通俗的语言和简单的逻辑，从宏观的视角讨论金融衍生品的意义、作用和国际化问题。

本书共分为五章。第一章的主题是金融衍生品的宏观经济意义。相关文章主要成文于2015年股市异常波动后。当时中国金融衍生品市场发展陷入困境。这些文章从多个视角阐述了金融衍生品与实体经济的关系。第二章的主题是金融衍生品与资本市场交易制度。这部分重点阐述了金融衍生品交易是如何通过强化资本市场交易机制、提高资本市场总体功能，进而实现其对实体经济创新、发展的促进作用的。

第三章和第四章是关于金融衍生品国际化的意义和金融衍生品市场开放过程中面临的一些问题的论述。这部分文章大多成文于2018年以后。那时明晟指数公司（MSCI）正在不断推进A股纳入其全球指数的进程，境内外投资者也广泛呼吁加快中国金融衍生品市场国际化的步伐。第五章是关于市场危机反思的相关内容。其中两篇为2015年我国股市异常行情与美国1987年股市崩盘的对比和借鉴。另一篇是美国股市崩盘10年后的监管发展的综合分析。

以股指期货和国债期货为代表的场内金融衍生品市场在中国产生和发展的历史仅有10年左右，而这类产品在全球市场的发展也不过50余年。欧美国家关于金融衍生品市场功能和作用的辩论集中在20世纪80年代中期和90年代初期，而在中国相关辩论自中国金融期货交易所2006年成立以来就从未停止，也远未完成。2015年我国股市异常波动后对股指期货的限制和质疑与当年欧美市场关于金融衍生品的辩论一样，都是金融衍生品成为现代资本市场核心组成部分之前必然经历的成长痛苦；也是金融衍生品在中国资本市场重获社会共识，重获发展机遇并走向国际化的必经之路。

我很荣幸能够参与到中国这场关于金融衍生品宏观经济意义和作用的反思与辩论中。对于金融衍生品的支持者来说，本书可以进一步坚定他们信念；对于怀疑者和批评者而言，这本书所陈述的理念或可作为一个参考，以审视矛盾和冲突的表象背后，金融衍生品、资本市场和实体经济之间的内在联系和逻辑。当然，全面完整地回答社会上对金融衍生品的广泛质疑并让人信服绝非易事。但我还是希望通过本书的观点分享，推动全社会对金融衍生品市场的进一步关注和了解，为中国金融衍生品市场的持续发展和资本市场功能的进一步提高尽一份责任。

最后，我想特别感谢姜洋先生欣然为本书做序。姜洋先生是中国金融衍生品市场的缔造者和监管者之一，为中国金融衍生品市场的发展作出了巨大贡献。序言中，他在充分肯定金融衍生品宏观经济意义的同时，也深刻分析了衍生品在中国面临困难和挑战的深层原因。我也十分感谢中国金融期货交易所前董事长张慎峰先生、前董事长胡政先生、前总经理戎志平先生和现任总经理霍瑞戎先生等各位领导多年来对我工作的支持、理解和包容。我尤其想感谢中金所很多同事们对本书内容曾经作出的极有价值的补充、反馈、建议和批评。他们的友善和专业精神对我有极大的帮助。他们是副总经理张晓刚、曹越，以及刘剑、王彩虹、刘佳鑫、游航、徐艺泰、蔡向辉、石家强、李慕春、郑凌云、王琦、程红星、李明良、陈少军、周雪峰、张红、张志海、牛广济、崔熹、刘锋、布兰登、倪蕴韬、邢必力、尹小为、黎琪嘉、李晓帆、袁绍峰、张今、虞瑾蒨、姜涵、李自然、鹿波、张晟畅、郭孟阳等。当然我个人对本书的论述和观点承担全部负责。书中可能存在的任何缺陷、疏漏和错误也是我个人的责任。

沙石

2021年1月

目 录

第一章　金融衍生品的宏观经济意义

金融衍生品本质的讨论为何重要 3

金融衍生品的历史观和意义 8

金融衍生品的虚实之辩 19

第二章　金融衍生品与资本市场交易制度

金融衍生品交易的本质和作用 31

金融衍生品微观交易的宏观内涵 44

金融衍生品与机构化投资 54

高频交易：臆断与事实 65

第三章　金融衍生品市场国际化的意义

金融衍生品与全球资本竞争 83

证券市场国际化倒逼交易机制优化 94

国际股指期货离岸市场的因与果 110

外汇期货市场的必要性 126

第四章　金融衍生品市场国际化的相关问题

对国际交易者的监管和跨境市场风险防范............ 137

境外 AML/KYC 监管趋势和合规制度 146

股指期货连续交易的国际比较与借鉴意义ㅤ........... 153

第五章　金融衍生品和市场危机的反思

美国 1987 年股灾反思和我们的借鉴 167

股市崩盘后研究的"罗生门"效应及启示 179

十年之际：1987 年以来美国证券市场的监管发展 .. 198

金融衍生品的
本质

THE ESSENCE OF
FINANCIAL DERIVATIVES

第一章

金融衍生品的宏观经济意义

金融衍生品本质的讨论为何重要

2020年10月,在深圳经济特区建立40周年庆祝大会上,习近平总书记指出,新发展格局不是封闭的国内循环,而是开放的国内国际双循环。新发展格局要求以国内大循环为主体,这是基于国际形势的深刻变化和我国作为世界第二大经济体的实际情况而作出的重大判断,必将对我国今后的发展起到十分重要的引领作用。要实现国内国际双循环相互促进,关键是要打通阻塞双循环畅通运行的主要堵点,而扩大资本市场开放,对打通我国金融体系中的关键堵点,推动资本市场高质量发展,促进形成新发展格局具有重要意义。

金融衍生品:资本市场对外开放的重要堵点

在我国资本市场扩大对外开放的整体布局中,金融衍生品市场发展和对外开放的滞后就是一个明显而关键的堵点。金融衍生品市场的发展和国际化在资本市场的整体对外开放中举足轻重,是极具标志性的一环。明晟指数公司(MSCI)等具有全球影响力的指数公司和贝莱德集团等大型国际投资机构都曾反复强调,中国金融衍生品市场的开放是其进一步提高中国股票指数权重、提高中国市场参与度的重要前提。国内证券基金行业的投资者、交易者也长期期盼着金融衍生品市场的快速恢复和发展。金融衍生品市场的发展和开放不仅可以进一步扩大国际投资者进入中国资本市场的规模,也将进一步促进中国经济的增长以及与世界经济的融合。

金融衍生品在全球资本市场的发展已经有50多年的历史。无论是在欧美发达资本市场,还是在亚洲和拉美等主要新兴市场,各类金融衍生品市场在交易品种和规模上都已经十分成熟。2019年全球期货期权成交规模创下了344.75亿手的历史新纪录,其中金融期货期权交易量的比例约为80%。而同期我国金融期货期权成交量仅占期货市场整体成交量的1.7%[①]。这个悬殊的比例也从侧面反映出我国金融衍生品市场发展滞后的现状。

金融衍生品的"罪"与"罚"

从第一只股指期货产品上市开始,中国金融衍生品市场的发展仅有10年多的历史。虽然初期市场发展迅速,但自2015年股市异常波动之后,以股指期货为代表的金融衍生品市场的发展受到严格限制,交易规模大幅下降,交易成本高居不下。学界、业界、大众舆论对金融衍生品市场的功能和作用持怀疑和否定意见的居多。面对较大的舆论压力,监管机构和交易所虽然在加强监管、发展各类机构投资者等方面作出了很大努力,但总体来说对金融衍生品市场发展和国际化的态度十分谨慎。

资本市场是舶来品,其在扩大融资规模、推动经济发展和科技创新等方面的作用是数百年来经过事实检验的,这也是我国20世纪90年代初从无到有发展资本市场的根本原因。中国资本市场在发展初期有很多突出的问题,如发行机制中行政干预过多,上市公司信息披露差、淘汰机制弱,市场投机操纵多、换手率高等。但是这些问题并没有阻碍股票市

---

① 这几个数据是根据美国期货业协会、中国期货业协会和中国金融期货交易所公布的2019年市场交易数据推算的。虽然中金所金融期货和期权合约的成交量(手数)占比极低,但由于合约价值较高,所以交易金额占比稍高,为23.7%。而在国际期货市场上,由于期货合约价值差异很大,在跨市场比较中一般不使用成交金额。但估计全球期货期权市场中金融期货期权交易金额占比应该大于90%。

场的存在和发展。市场监管和风险防范能力的提高、交易机制的改革和优化正在不断使这些问题得到解决。显而易见的是，市场参与者、监管者、大众媒体对资本市场的发展有一个基本共识；或者说尽管存在这样或那样的问题，资本市场的意义和作用是被全社会基本认可的。

同样是舶来品，金融衍生品市场的境遇却完全不同。金融衍生品屡屡被指责为市场暴涨暴跌和金融危机的始作俑者，是导致股票市场下跌的主要原因。持有这种观点的人选择性地忽略了一个重要事实，即在没有金融衍生品的300多年里资本市场也同样被无数次的市场崩盘和金融危机所困扰。而当部分人把金融衍生品指责为市场危机的"罪魁祸首"时，危机产生的真正原因，如市场基本面的变化、交易机制的缺陷、监管缺失和应对失当等问题反而被忽视和淡化。

也有不少人认为金融衍生品交易加重了市场危机，有必要通过行政手段限制衍生品交易（尤其是投机卖空），进而放慢或阻断负面消息对市场估值的影响，达到保护市场机制和投资者的目的。这种观点同样值得商榷。限制交易不改变市场基本面，但很可能对市场信心产生更大的冲击，进而加剧市场恐慌，引发更为严重的流动性危机。此外，自金融衍生品市场产生以来，虽然市场危机对不同国家和投资者的影响各异，但总体而言各国金融危机的周期明显缩短，危机对投资者和实体经济的负面影响也相对减弱。即使是2008年的国际金融危机，也远没有对美国和全球经济造成类似20世纪30年代"大萧条"那样惨烈的结果。现代资本市场明显更有韧性、更有能力应对各种事件的冲击和危机场景。

还有很多人认为金融衍生品市场是一个纯粹的投机市场，对实体经济的发展没有实质性的好处。这种观点的明显缺陷是孤立地评判金融衍生品的交易特征，忽视了其与证券市场的内在联系，否定了金融衍生品在提高证券市场交易者风险管理能力、提高交易效率、降低交易成本、丰富投资产品等方面的基础作用，进而也否定了其对提高资本市场整体效率、扩大资本积累规模、促进实体经济增长和科技创新等方面看似间接且无关紧要，实则紧密关联且十分关键的作用。

当然也有观点认为金融衍生品市场的发展与现阶段中国资本市场的投资者结构、基础交易制度和监管能力不符。这种观点虽然获得了很多人的认同，但也是经不起推敲的。什么时候是发展金融衍生品的最佳时机呢？金融衍生品市场最初发展的欧美国家，当时它们的投资者结构、交易制度和监管能力等也未必成熟。20世纪90年代初，中国股票市场也经历了多次大起大落的市场波动和各种风险事件。按照"条件不符"的推理，中国当时甚至现在都可能不适合发展股票市场。事实是，中国股票市场是在历经了各种风险和危机的洗礼后，在不断优化交易机制、强化市场监管和风险控制的过程中不断发展壮大的。而这个逻辑是否应该同样适用于金融衍生品市场呢？

金融衍生品凝聚共识的必要性

需要强调的是，金融衍生品市场的发展必须建立在全社会对金融衍生品市场意义和作用达成基本共识的基础上。在沪深300股指期货获批上市之前，我国包括监管者在内的各类市场参与者就对金融衍生品市场的功能和作用进行了大量的讨论和论证。2010年股指期货上市之后，交易所和监管机构也进行了多次市场功能的评估和分析；2015年股市异常波动、股指期货受限之后，学界和业界针对这一问题进行了更多的研究和思辨。但令人遗憾的是，目前社会各界对金融衍生品的意义和作用仍未形成一个基本共识。

必须承认，中国金融衍生品市场，尤其是股权类衍生品市场的发展环境仍然十分复杂、困难重重。目前，我国股指期货的日均交易量仅是2015年9月股指期货受到严格限制之前的15%左右，最优价差是限制之前的2~3倍，市场深度①严重弱化。当年的部分限制措施至今仍在延续，股指期货市场国际化进程也进展缓慢。我国金融衍生品市场发展举步维艰与商品期货市场的快速发展和开放形成了强烈的反差。而这与长期以来大众舆论对金融衍生品持有强烈偏见、全市场对金融衍生品的意义和作用缺乏深入了解和共识有直接的关系。

因此，我们有必要进一步加强对金融衍生品市场意义和作用的研究、讨论和宣传。金融衍生品的宏观经济意义究竟是什么？金融衍生品市场和资本市场的关系何在？金融衍生品微观交易活动的宏观经济内涵是什么？股票市场和金融衍生品市场都存在大量投机交易，投机交易的本质和作用是什么？市场监管和风险防范的目标是什么？金融衍生品市场国际化的必要性和意义何在？充分公开的讨论和思辨可以使社会各界逐渐认清金融衍生品的本质，了解其对资本市场和实体经济的作用，并最终为金融衍生品市场的进一步发展和国际化奠定舆论基础。

这些正是本书所要深入探讨的问题。过去关于金融衍生品的讨论更多的是从应用和技术层面展开的，更多的是关于金融衍生品在风险管理、价格发现、交易策略、市场影响等方面的研究和论述。本书以更为宏观的视角，对金融衍生品的意义和作用展开讨论、分析和概括，其中也包含了大量相关国际经验的分享。希望能够帮助读者更深入地理解金融衍生品的意义和作用，促进金融衍生品市场在中国的发展和国际化进程。

---

① 市场深度可以用5档行情的报单量来衡量，报单量越多、报价间距越小，市场深度越高，流动性越好。仅以报单量来看，目前（截至2020年末）沪深300股指期货5档行情报单量目前仅有20~30手，约为限制前的1/15。

金融衍生品的历史观和意义 *

金融衍生品的产生不是偶然，它与资本市场的发展阶段有着紧密的联系。它的产生有着深刻的历史背景，是资本市场发展中一个里程碑式的进步。悉尼大学政治经济学教授迪克·布莱恩（Dick Bryan）和麦克·莱福梯（Michael Rafferty）在2006年撰写的《衍生品的政治经济学》（*Capitalism with Derivatives*）[①]一书中，对金融衍生品的产生和其在现代资本市场发展历史进程中的地位、作用和意义进行了深入分析。布莱恩和莱福梯关于资本所有权分离的三个阶段划分、衍生品资本化等观点的论述为认识金融衍生品提供了一个全新的视角。本文在概括介绍两位作者的主要观点的同时，试图从宏观和历史的角度去诠释金融衍生品市场对资本市场和实体经济的意义。这有助于我们树立发展中国金融衍生品市场的正确理念和信心。

金融衍生品产生的历史背景

为换取某种商品价格稳定性而进行的衍生品交易由来已久，但是20世纪80年代以来衍生品市场的发展出现了质的飞跃，这绝非偶然。众

---

* 本文写于2015年12月，既是对《衍生品的政治经济学》一书的介绍，也是读后感。在股指期货遭到广泛质疑和严格限制之际，本文发表在《期货市场前沿》和《证券市场导报》上，成为当时为数不多的正面阐述金融衍生品意义和作用的文章。

① 该书的中译本已于2020年1月由北京大学出版社出版，中文书名为"金融衍生品：资本、货币与竞争"，译者为韩乾、薛晓明。

所周知，第二次世界大战后的西方世界盛行凯恩斯主义，并逐渐建立起以固定汇率制度为特征的国际经济秩序。这个时期全球商品价格相对稳定，各国都实行了一定的工业保护主义和资本管制。这些保护主义措施在一定程度上降低了价格波动的风险，并使这些有限的风险局限在本国之内。但是这一政策在20世纪60年代首次遭遇挫折，西方经济进入滞胀。20世纪70年代，西方国家开始不断放弃凯恩斯主义政策，允许利率、汇率等市场价格有更大的浮动空间，最终导致美元与黄金挂钩、协议国货币与美元挂钩的布雷顿森林体系彻底瓦解。

这一新自由主义经济政策不仅使西方资本主义国家渐渐走出了滞胀的困境，也开启了当代经济全球化新浪潮。在这个新的国际经济体制下，国际贸易、跨国投资和融资的快速增长，使国际投资者在各领域拥有了更多的选择，但也面临着与以往相比更多、更复杂的风险。风险的存在是多维度的，既体现在不同生产要素的价格在未来不同时间、不同地点上的不确定性，也体现在不同投资者对这些不确定性的需求和判断上。

在一个利率、汇率、商品价格自由浮动和国际政治政策风险时时存在的世界里，投资者有必要通过金融衍生品交易寻求必要的确定性。由于投资者风险偏好和敞口不断变化，金融衍生品交易也呈现出连续不断的特征，且交易规模快速增长。经过40多年的发展，金融衍生品一跃成为当代资本市场的核心组成部分。

20世纪70年代，场内金融期货期权的发展主要是在美国，10年间美国金融期货期权交易量增长了7倍。20世纪80年代是金融衍生品成长的关键期，1980—1982年仅3年，金融衍生品交易量就增长了3倍，此后金融衍生品的交易规模迅速超过商品衍生品，成为衍生品市场的主要产品。1990年，金融期货的交易量已占到美国期货市场的60%，2000年占85%，2014年占95%。从全球市场来看，2019年全球场内衍生品交易量为345亿手，其中金融衍生品交易量占80%。与现货市场相比，2018年美国标普

500股指期货和期权的名义交易金额约是其成分股交易金额的15倍[①]。

这里我们必须强调，金融衍生品之所以重要，并不是因为其巨大的交易规模，而是因为金融衍生品本身对资本市场发展的重要意义。而要理解金融衍生品的重要意义，必须要了解金融衍生品的特征，以及其在资本形态演化中的历史地位和所发挥的作用。

金融衍生品的三个基本特性

一般理解认为，金融衍生品是一个自身价格依赖于基础资产价格的合约。但是这个直观的理解却是十分狭隘的，因为它隐含了一种假设，即基础资产是真正重要的，而衍生品是次要的甚至是附带的产品。虽然金融衍生品的价格发现和风险转移功能十分重要，且获得了广泛认可，但是衍生品的重要性不应该被仅仅理解为为基础资产提供价格发现和风险管理等服务的技术层面上的工具，它的深层意义值得探讨。

衍生品作为一大类金融资产之所以重要，可以从它的三个基本特性开始分析：连接性（Binding）、融合性（Blending）和分拆性（Unbundling）。连接性是指衍生品（如期货或期权）可以建立基础资产现在和未来之间的价格关系，这是显而易见的。融合性是指衍生品可以将不同形态的资本（股权资本、债权资本、不同货币种类的资本、不同行业和不同公司的资本）融合成一个独立的资本形态，指数衍生品是一个简单而明显的例子。

衍生品的连接性和其对资本形态的融合性引申出一个更为重要的特性：分拆性。分拆性是指衍生品可以将一个资产或资产组合的某些属性

---

① 数据来源：《金融衍生品的政治经济学》、美国期货业协会（FIA）和芝加哥商品交易所（CME）。

（Attributes，一般指价格）与资产本身分离，并使这些属性独立于资产本身进行交易。这种资产价格属性和资产本身的分离和交易通常被简单地理解为价格发现和风险转移。这两个功能虽然重要，但是却忽略了衍生品分拆性隐含的两个更深层的含义。

其一，衍生品使基础资产的价格属性和基础资产本身的所有权分离。衍生品的定价和买卖，并不改变其所代表的基础资产的所有权。这看似浅显易懂的特征隐含着资本市场发展的内在逻辑。

其二，衍生品的分拆性使不同资产特征迥异的价格属性被整合为易于识别的、通用的、可交易的价格基准。比如，大盘股包括多种行业上市公司的股票，任何一只股票都只能形成一个价格特征迥异的个别市场。而大盘股指数期货，则通过衍生品的融合性和分拆性，衍生出一个统一、独立、代表性强、流动性高的大市场。

衍生品的分拆性使投资者关注的重点从不同资产的特殊属性转向不同资产普遍存在的共同属性，即资产的价格属性。这类以不同资产组合的价格属性为标的的衍生品市场发展的意义，在于它强化了这些资产组合本身与其他各类资产和资产组合在跨时间和跨空间中的价格竞争。而这种跨时空的价格竞争又对相应的基础资产产生了重要作用，即强化了各类资产相对价值（Relative Value）的比较和竞争，进而产生了优胜劣汰和资源更有效配置的社会效果。

衍生品使基础资产的价格属性和所有权分离的特征，是衍生品得以在现代资本市场中发挥潜在和关键性作用的原因所在，即衍生品使资产价格具有了可以更直接、更便捷和跨时空的可比性（Commensuration）和竞争性。而衍生品的这一潜在关键性作用是在金融衍生品产生之后才凸显出来的。这也是金融衍生品被更广泛运用，交易规模迅速提高的原因。

金融衍生品所有权的历史演变和内在逻辑

衍生品绝不仅是现代资本市场风险管理领域的创新，它的产生和发展对公司和资本所有权一般意义上的理解提出了新的挑战。衍生品的所有权既不代表拥有公司的部分资产，也不代表拥有公司的部分股票，它代表对公司（或公司组合）的资产价值以及资产价值的变化的所有权。衍生品虽然不对传统意义上的资本拥有直接和间接的所有权，但它对资本的某些属性（如价格）拥有所有权。股票衍生品的产生，使衍生品的交易者在即使不拥有或不交易公司股票的情况下，也可以交易并享受（或承担）公司经营带来的价值增减。衍生品打破了以往不同资本存在形态的独特性，突出了不同资本形态的共性，即资本逐利性和竞争性。

理解衍生品作为一种资本形态，可以从资本所有权形态的三个阶段（或三个层次）分离演化的历史分析入手。

第一次分离

资本所有权的第一次分离是指农民与土地等生产资料的分离。农民获得自由，土地等生产资料开始流动，这集中体现了欧洲封建制度下自给自足的经济形态向资本主义发展初期以工厂为代表的集中生产的重要转变。资本的所有权意味着工厂主（一般是个人或家族）对生产资料和生产过程的拥有和控制，资本以工厂的形式相互竞争。

资本所有权第一次分离的意义在于资本所有权概念被第一次注入了竞争的基因。因为资本（土地、设备等生产资料）和农民（甚至奴隶）不再是封建领主任意处置的附属，他们开始变得可以流动并能够产生更高的收入。而资本所有权本身已经无法保证企业盈利，工厂主（资本家）必须通过技术和商业模式的创新以及对劳动力的管理和竞争，去实现商业上的成功。

第二次分离

资本所有权的第二次分离是指公司的所有权与生产经营权的分离，资本以公司的形式相互竞争。资本所有权的第二次分离与生产规模的扩大和股份公司的产生有关。资本所有权以法人股权的形式出现，股权投资者分享公司的盈利，并拥有对公司的正式但非直接的控制权。

股份公司的产生对经济发展的革命性意义自不必说，它同时使资本所有权的概念模糊化了（相对于第一次分离），即资本的所有人（股东）和资本的管理人（职业经理人）同时成为资本所有权的化身。究竟谁是"资本家"已经不那么明晰，也没必要，因为二者的结合高度体现了资本的核心逻辑：资本的竞争和增值。而资本增值的责任（控制和管理）是由投资者和管理者共同承担的，也是股份公司的唯一目的。

股份公司的发展从三个角度强化了资本的竞争：一是股份公司使竞争的逻辑更为明确。在股份公司制度下，利润最大化已经不是工厂主自主选择的个人偏好，而成为股份公司管理人的终极目标。投资者资本所有权的回报只有通过确保公司管理人努力实现利润最大化才能得以体现。因此，公司的竞争意识更强，目标更明确。二是股份公司的融资功能使扩大资本和生产规模成为可能。这加速了18～19世纪工业革命进程，奠定了欧美发达国家的经济基础。因此，股份公司的产生扩大了资本竞争的规模。三是股份公司使资本的灵活性极大提高。股份公司的发展和股票市场（二级市场）几乎是共生的。这使资本的所有权具有了前所未有的流动性，并使股份公司可以无限期地存续和发展。更重要的是，资本所有权的流动性使公司的盈利能力得以在一个公开的平台上被比较、定价和交易。因此，资本所有权的第二次分离为资本的所有权注入了更直接、更强烈、更公开透明的竞争因素。

第三次分离

资本所有权的第三次分离是指资本所有权的价格属性和资本的公司属性（公司所有权）的分离，资本以纯粹资本的形式相互竞争。例如，股票衍生品作为一种新的金融资产，其所有权肯定不同于股权本身。股票衍生品的所有权仅体现为基础资产的价格属性。所谓的衍生品所有权实际上是资本所有权的一种新的存在形态。

首先，衍生品延续了资本竞争的内在逻辑。在资本所有权的第三次分离中，资本的载体不再仅仅是工厂主（第一次分离）或管理人和股东投资人（第二次分离），更多的资本市场参与者，如衍生品交易员、公司财务官和各类金融投资机构（银行、共同基金、养老基金、对冲基金、量化基金）开始参与衍生品交易。更广泛的投资者参与进一步强化了资本逐利和竞争的内在冲动。

竞争的目的并不表现为特定公司利润的最大化，而是资本价值的最大化。从这个意义上讲，衍生品所体现的资本竞争并不仅是特别公司之间利润最大化的竞争（第二次分离），而是资本相对价值的竞争。这种相对价值的竞争是对不同形态的资本及其盈利潜力跨时间和跨空间的价值比较。因此，衍生品作为资本的一种新的存在形态，带有与生俱来的、更强的竞争性。

其次，衍生品扩大了资本交易的规模，提高了交易的灵活性。股份公司的融资功能和在二级市场上实现的股权交易，大大扩大了资本的规模和提高了交易的灵活性，并使现代大规模生产和经济的持续快速增长成为可能。而衍生品本身的可塑性、交易制度的灵活性、交易主体的多元性、交易效率和成本的卓越性，使其远远超越了股份公司制度下二级市场带来的资本交易规模的扩大和灵活性的提高。同时金融衍生品交易规模的快速成长，也反过来进一步强化了其在资本市场中的地位和作用。

金融衍生品的资本化和意义

如果说股份公司的广泛发展,与大规模融资、大规模生产和分散投资风险有关,那么金融衍生品的发展则是在不同历史条件下实现类似目标的直接结果,即资本在更大的规模、更广阔的地域和更长的时间跨度上的积累与竞争。衍生品在促进价格发现、优化市场风险分布、提高资本市场运行效率、强化资本市场资源配置功能等方面的作用虽然被广为认同,但是将衍生品定义为资本的一种存在形态却是布莱恩和莱福梯首次提出的。

他们认为,商品期货和金融衍生品发展之初,以风险对冲为目的的交易并不能使衍生品成为资本。而金融衍生品在20世纪80年代以来的快速发展,尤其是当金融衍生品在改变资本形态和交易等方面的灵活性得以充分体现,交易规模迅速扩大并成为资本市场的重要组成部分之后,金融衍生品逐渐拥有了资本的特征,并开始了其作为一大类资产资本化的质的转变。

在资本公司化的基础上,金融衍生品将资本的公司特征(属性)与资本的价格属性进一步分离,并将资本抽象(或转化)为一种更纯粹的金融资产。与公司资本追逐特定公司利润最大化不同,金融衍生品追逐的是更一般的资本收益的最大化。这类金融资产具有强烈的盈利和竞争冲动,并根据一定的机制定价、交易和结算,形成了一个新的、更大规模和更高流动性的市场。当金融衍生品形成巨大的规模、发挥重要的作用并为广大投资者接受之后,它本身也不再仅仅以一种普通交易工具的形式存在了,而是衍变成一种继个人资本公司化之后更为社会化的资本存在形式。与股票、债券等资本存在形态一样,金融衍生品成为一种全新的资本形态的代名词。这就是我们在第三次分离部分讲到的,金融衍生品的产生和发展开启了资本以纯粹资本的形式相互竞争的历史新阶段。

金融衍生品作为风险衡量和交易的载体，不仅与当代资本市场的理论内涵相契合，也为资本市场带来深刻的变化。在新自由主义经济理论体系中，竞争是企业追求利润最大化的核心。而金融衍生品交易深化了这种竞争。如前所述，衍生品交易使一般的商业竞争升级为更为纯粹的资本竞争，即各种资本，无论体现为哪种形式，都可以被投入衍生品市场的竞争，以体现其存在的价值。由于这种竞争可以在公司资本所有权不改变的情况下，更便捷、更迅速地进行，因此这种竞争的效率和激烈程度要远远高于以往基于公司资本价值的竞争，并以更高的效率反过来促进企业的商业运作和实体经济。金融衍生品不仅满足了投资者交易风险和管理风险的需求，而且客观上强化了资本竞争和利益最大化的诉求，进而可以促使社会资源更高效地配置。

如果说股份公司和股票市场的诞生和发展奠定了现代资本市场的制度基础，那么金融衍生品市场就是对这一制度基础的进一步创新和完善。从全球范围来看，金融衍生品市场早已成为现代资本市场不可分割的重要组成部分。金融衍生品市场的竞争也早已成为全球经济和资本市场竞争的一个重要组成部分，是一个国家核心竞争力的重要体现之一。

关于金融衍生品的辩论

衍生品，尤其是金融衍生品，自诞生之日起就极具争议。这并不奇怪，也不意外。自17世纪股份公司和股票市场产生以来，对这种公司形式和股票市场的争议也一直没有中断过。在英国，对股份公司的争议使这种公司形式在近一个世纪的时间里（18世纪初至19世纪初）得不到法律的认可。股票市场经常被指责是一个鼓励赌博和操纵的场所。股份公司被指造成了对资本所有者不利和不负责任的经营运作，并最终导致公司破产、市场泡沫和经济危机。即使是资本主义市场经济的鼻祖，亚当·斯密等人，也曾认为公司化带来的资本所有权和经营权的分离会导致经营管理者和投资者之间的矛盾，因为经营管理者不一定以投资者的利益为重，也不会像投资者一样尽责。

对衍生品的批评与400年来对股份公司和股票市场的批评如出一辙。产生于20世纪中期的对冲基金，作为金融衍生品交易的标志性机构，经常被指会带来与1720年英国南海泡沫（南海公司是当时股份公司的典型代表）类似的灾难性后果。衍生品交易也被当作是多次金融危机（如美国1987年股灾、日本20世纪90年代初股市崩盘等）的罪魁祸首。当然，对金融衍生品持支持态度的观点和论述也是大量的和有说服力的。

显而易见的是，无论是当年对股份公司和股票市场的批评，还是后来对金融衍生品的非议，都在一定的条件下有一定的合理性。资本市场和制度是一个不断发展和优化的过程。市场不是万能的，监管是必要的，监管的目的不是对金融创新的否定，而是为其发展创造一个公平、公正和公开的政策环境，进而提高资本市场的效率和功能。400多年来，尤其是最近100年来，公司欺诈和市场操纵的案例时有发生，股票市场产生泡沫和崩盘的案例也屡见不鲜。但在经过一次又一次的制度改革和优化后，资本市场制度得到了不断完善和发展。

金融衍生品，作为一个金融创新，既是现代公司制度和资本市场不断完善的组成部分，其自身也必然经历一个不断改革、优化和完善的过程。20世纪90年代初，美国关于金融衍生品意义和作用的辩论达到高潮。2008年国际金融危机后，全球主要经济体又掀起了新一轮衍生品市场改革，尤其是场外衍生品市场改革的浪潮。这当然不是对金融衍生品的否定，而是对衍生品市场制度的优化。所以危机之后，全球衍生品市场仍然保持了持续发展的势头。

2015年夏秋之际，中国股票市场经历了一轮暴涨暴跌的异常行情。沪深300股指期货，作为中国目前唯一活跃的金融衍生品，遭到了社会舆论的强烈批评和指责。批评者认为股指期货的做空机制、负基差等是造成股市暴跌的重要原因，股指期货助长助跌、过度投机、乏善可陈。而对于冷静的资本市场研究者而言，这些指责貌似有理，但误解和成见多于事实。这说明我们对金融衍生品的作用，尤其是其宏观意义还认识不足，缺乏共识。

诺贝尔经济学奖获得者罗伯特·莫顿（Robert Merton）1992年在《金融创新和经济增长》一文中指出，"金融创新是给实体经济带来真实效益的发动机"。另一位诺贝尔经济学奖获得者，莫顿·米勒（Merton Miller），在1992年的一篇题为《金融创新：成就和展望》的文章中指出，"金融期货期权市场的运转就像一个巨大的保险公司。高效的风险分担机制是金融衍生品革命性的集中体现"。《衍生品的政治经济学》一书的作者布莱恩和莱福梯又将金融衍生品的产生和存在的意义提高到了资本市场的发展、资本内涵的延续和资本市场制度优化的新高度。从这些宏观的角度去理解金融衍生品市场的历史发展进程和意义，去认识金融衍生品直接和间接地对实体经济和资源配置产生的革命性影响，有助于我们重新树立发展中国衍生品市场的正确理念和信心。

金融衍生品的虚实之辩

包括金融衍生品在内的资本市场通常被称为虚拟经济,而与其对应的是所谓的实体经济。但是这种虚与实的形象划分却经常被有意无意地对立起来,并被误解为"实"是主要的、重要的,"虚"是附属的、次要的,甚至"实"是好的、正义的,而"虚"是坏的、虚伪的。虚拟经济也经常被看作是实体经济出现问题的始作俑者,或者是政策失误的替罪羊。其实,虚与实是一个事物相互依存、不可分割的两个方面,并共同决定着一个事物的特性和本质。本文通过分析金融衍生品的产生、对资本市场的影响,及其与实体经济的联系,论证了资本市场与实体经济虚实相济的辩证关系,提出金融衍生品使资本市场真正成为了有风险管理的资本市场,而后者是中国实体经济增长、创新和转型的可靠基石。

股市异常波动和国际资本回流引发的思考

2015年中国资本市场的大幅震荡和"8·11"汇改后的人民币汇率波动,引发了持续的股市下跌行情和严峻的资本外流。在股票市场,投资者离场观望的氛围十分明显。当时,在国内经济形势不容乐观和国际市场风险均有提高的情况下,我国股市继2015年下半年的大幅回调后,2016年初继续探底,交易量急剧萎缩,基金大量赎回,机构投资者大幅减仓,甚至清盘的情况十分严重。在外汇收支方面上,2015年我国外汇储备下降5127亿美元,其中2/3是国际收支因素变动所致;1/3是价格变动造成的外汇储备缩水。在人民币贬值预期的影响下,部分国际资本避险离场，国内居民和企业加速偿还外汇贷款，境内机构和个人增持外汇等因素是外汇储备下降的主要原因。

同期，在全球范围内，原油和其他大宗商品市场价格的大幅下挫、美联储加息等因素，使全球资本的避险倾向（Risk Aversion）急剧提升。在以往全球性金融危机中屡见不鲜的国际资本回流现象十分明显（Flight to Quality），其中受冲击最大的是新兴市场国家。新兴市场国家有较强的经济增长动力，但资本市场体系相对薄弱，尤其是缺乏健全有效的风险管理市场，即金融衍生品市场。在面临全球性金融危机的时候，新兴市场国家的经济容易遭受重创，汇率风险和信用风险明显提高，这是国际资本回流的主要原因。国际资本回流，在其母国或其他安全市场寻求避风港，是资本趋利避害的本性所决定的。欧美市场虽然也面临各种全球性市场风险，但其资本市场结构健全、产品丰富、避险工具多、市场深度好、货币金融政策相对稳定透明，国际投资者可以比较从容地应对可能发生的市场风险。

此外，当全球经济面临系统性风险的时候，新兴市场国家的境内资本也有一定的外流倾向，这也是因为以美元为代表的国际性货币和市场相对安全、流动性好，管理风险的可操作性强、易于管理。无论是国际资本还是境内资本，资本外流对新兴市场国家都十分不利。它不仅加剧了新兴市场国家资本市场的波动，更会使实体经济雪上加霜，必须予以高度重视。适当的管制措施短期内是必要而有效的。但是必须认识到，与发达国家相比，新兴市场国家资本市场欠发达、缺乏有效的风险管理机制，从而导致资本市场风险较高、稳定性较差。所以，完善资本市场机制建设，尤其是发展金融衍生品市场，应该成为新兴市场国家重要的中长期政策目标之一。

中国是全球第二大经济体，资本市场的规模也位居全球第二，但是在金融衍生品市场发展方面，品种、规模和功能均远远落后于国际成熟市场水平。这与我国对金融衍生品重要性的认识不足有关。金融衍生品市场产生的背景，金融衍生品与国际资本收支平衡的关系、与资本市场投融资功能发挥的关系以及与实体经济增长、转型和创新的关系，都需要我们认真研究。

金融衍生品之于现代资本市场和实体经济

资本市场是现代经济发展过程中被广为接受的人类制度文明的一部分。中国在1978年实施改革开放之后，也逐渐接受了资本市场这一制度创新。在中国，虽然对资本市场制度的基础和内涵还有争议，但无论是学界还是政府都对资本市场于一国经济的重要性深信不疑。资本市场是现代经济发展和增长不可或缺的组成部分。资本市场的融资功能使公司扩大资本和生产规模成为可能；资本市场强化了市场竞争、促进了创新；资本市场公开透明的流动性扩大了投资者群体并降低了投资风险。对中国这样一个大国来说，没有资本市场，经济发展和技术创新就会备受限制，经济影响力和国际竞争力更无从谈起。

然而，目前我国很多市场参与者和大众媒体对金融衍生品市场之于资本市场和实体经济的意义，还不甚了解。多数人认为金融衍生品市场是一个投机的市场，是一个虚拟市场，是一个"零和游戏"的市场，是一个可有可无的市场。果真如此吗？理解金融衍生品的重要性可以从其产生的历史背景、对资本市场的影响以及对宏观经济的意义进行全面分析。

风险管理的需要催生金融衍生品市场

金融衍生品是资本市场20世纪70年代以来最重要的金融创新，其产生是布雷顿森林体系的解体、跨国资本管制的放松、汇率进一步自由浮动和利率市场化的结果。随着跨国投资和贸易的发展、国际资本之间的竞争加剧，投资者面临着与以往相比更多、更复杂的风险。这些风险通常是多维度、跨时空和跨国界的。这些风险包括各种汇率、利率和大宗商品价格波动的风险，日益国际化的各国资本市场本身的市场风险，以及各种国际政治和政策的风险。这就催生了资本市场体系对风险管理的强烈需求，并最终带来了以汇率、利率和股指期货期权等金融衍生品为代表的资本市场的新一轮制度创新。

可见，金融衍生品绝非捕风捉影，无中生有。它产生于资本市场风险管理的内在需求，而这一内在需求根植于实体经济中从事生产、贸易、融资、投资和并购等各类经济活动的参与者的内在需求。金融衍生品市场规模发展之快、影响之深远是其服务资本市场，进而服务实体经济的客观结果。

金融衍生品市场的宏观经济意义

在众多关于金融衍生品市场的讨论中，关于金融衍生品宏观经济意义的讨论至关重要，但却经常被大量的关于衍生品市场功能用途、市场影响、各种交易策略和风险控制等问题的讨论而淹没。关于金融衍生品宏观经济意义的讨论在西方集中在美国1987年股灾之后和衍生品风险事件频发的20世纪90年代初。当时的讨论主要是为了回答金融衍生品市场的必要性和回应针对金融衍生品市场的质疑而进行的。这也是本文关注的重点。本文引用了三位美国诺贝尔经济学奖获得者的观点来帮助我们理解金融衍生品的宏观经济意义。

诺贝尔经济学奖获得者、期权定价的创始人之一，罗伯特·莫顿（Robert Merton），1992年在《金融创新和经济增长》一文中指出"金融创新是给实体经济带来真实效益的发动机"。针对部分对金融衍生品的批评，莫顿指出，"虽然任何美好的东西一旦过度都会变得令人厌恶，但是金融衍生品对金融行业、对实体经济的贡献不仅意义深远，而且实实在在。金融衍生品的作用主要在于使各类参与者能够以最低的成本进行风险管理,这使得资本市场更高效、更完整。"另一位诺贝尔经济学奖获得者莫顿·米勒,1992年在《金融创新:成就和展望》一文中指出,"金融期货期权市场的运转就像一个巨大的保险公司,高效的风险分担机制是金融衍生品革命性的集中体现。"

罗伯特·莫顿和莫顿·米勒所说的金融衍生品为实体经济带来的实实在在的贡献和金融衍生品的革命性影响,在于它为资本市场引入了真正的风险管理功能。在没有金融衍生品的时候,投资者可以通过二级市场买卖和分散投资等方式规避风险。金融衍生品市场的存在,使投资者能够更便捷、更高效、以更低的成本交易风险,达到风险规避、风险分散和风险承担的目的。而这种风险的交易和转移并不以基础资产(如股票、债券和外汇)的买卖为前提,这就是金融衍生品的革命性之所在,它使在资本市场中运行的资本更容易得到保护,进而使资本市场较之前更加稳定,资本市场因此更高效、更完整。

以金融衍生品交易为代表的风险管理方法和能力的提高,伴随着风险管理成本的降低,可以进一步降低全社会的投资、融资成本,进而扩大资本市场的参与者和市场的规模、强化资本市场的功能、促进市场竞争、提振企业创新和投融资意愿,进而推动实体经济更稳定地发展。

有风险管理的资本市场

金融衍生品市场,作为现代资本市场的一个重要组成部分,从价格发现和风险管理两个方面强化和完善了资本市场的制度基础。金融衍生品交易的是基础资产的价格属性(风险),而不是基础资产本身,衍生品交易并不改变标的物(基础资产)的所有权。这种交易的灵活性、便捷性、有效性和低成本,使之成为广大投资者更为青睐的交易标的。而金融衍生品市场参与主体的多元性,使这个市场的流动性明显高于现货市场，这不仅更易于基础资产的价格发现，而且更容易转移或承担风险。这比传统上在二级市场进行的头寸管理、做空股票、分散投资等避险方法更便捷有效，更易于管理，而且成本极低。正因为如此，金融衍生品市场使资本市场真正成为了有风险管理的资本市场。

值得强调的是，金融衍生品市场给市场参与者提供了一个虚拟但有效的退出机制，即风险对冲。这使投资者可以在有效规避风险的同时，不必卖出现货资产本身（如股票、债券和外汇）。这就大大降低了各类资本因系统性风险提高而产生的、不得已的逃逸冲动。从这个意义上讲，金融衍生品市场有利于减少基础资产基于风险提高而产生的不必要的过度交易、离场观望、资本回流等问题。因此，有风险管理的资本市场对资本有更强的凝聚力，它在一定程度上降低了资本市场的波动性，特别是减轻了资本被迫离场或出逃对资本市场本身和实体经济产生的负面影响。

这正是著名的诺贝尔经济学奖获得者，美国芝加哥学派的代表人，米尔顿·弗里德曼（Milton Friedman），在1972年撰写的《外汇期货市场的必要性》一文中阐述的重要观点。弗里德曼强调必须在美国建立外汇期货市场，因为这对美国最有利。他认为美元是外汇投机和干预的主要货币，如果美元的风险管理市场建立在美国以外，则大量的避险和投机交易必然会造成大量美元跨境交易，造成国际收支大幅波动。而如果外汇期货市场建立在美国，它不仅将提高美国外汇市场的规模和重要性（相对于欧洲美元市场），而且会减少大量不必要的美元跨境交易，同时还可以促进国内货币市场的发展，有利于美联储公开市场操作的实施。

事实上，美国在20世纪70~80年代建立了全球规模最大的场内外衍生品市场，包括外汇、利率和股票指数期货期权市场。这一成就与美国资本市场和美国经济40多年来相对稳定的发展密不可分。

有风险管理的资本市场的比较优势

风险承担更安全

在全球化的大背景下，经济周期、金融风险、政策风险等都带有全球性的特征。有风险管理的资本市场并不能阻止这些风险的产生、发展和蔓延，但在一定程度上会减弱或减缓这些风险对投资者、资本市场和实体经济的冲击。因为投资者可以通过金融衍生品市场，使风险以市场化的手段得以再分配，即在任何时点，在一定的价格下，风险的厌恶者可以随时以极低的交易成本将风险转移给风险的偏好者。而这种风险转移可以在不卖出现货资产的情况下完成，因为风险承担的后果变得更为可控，投资者在投资决策时的安全感也会大为提高。

比如，有利率衍生品和汇率衍生品保护的企业和机构可以更自主、更积极地进行境内外借贷融资和规模扩张，同时不必担心汇率和利率波动对生产运营带来的干扰；有股票衍生品保护的企业可以从容计划各种扩融、资产重组、并购等业务；有股指衍生品保护的投资经理不仅可以在新兴产业和高科技产业中发现价值，更可以从容地持有价值并承担相应的风险。

资本市场更稳定

金融衍生品市场之于资本市场类似于保险行业之于现代社会。现代社会离不开保险市场（各种社保，人寿、医疗、财产、责任等保险）。现代资本市场离不开以金融衍生品交易为基础的风险管理市场。一个有风险管理的资本市场必然是一个相对更稳定的市场，是一个相对更安全的、更富有弹性、更具韧性的市场。当危机发生时，有风险管理的市场可以减轻危机对资本市场和实体经济的破坏性，也更容易使资本市场和实体经济从危机中恢复过来。这可以从比较欧美市场20世纪经济危机和危机恢复的过程中得以证实。金融衍生品市场产生之后，类似20世纪30年代初的全球经济危机对各国资本市场和经济造成的严重而持久的破坏再也没有发生过了，全球或区域性经济、金融危机及其影响更趋温和了。即使是2008年国际金融危机，也被各国政府较快地通过有限的政府干预和市场手段有序化解了。

此外，有风险管理的资本市场也更容易促进新技术、新产业的发展，更容易减轻资产重组、产能淘汰而产生的对资本市场和实体经济的破坏性。有风险管理的资本市场可以更容易地通过市场化的手段发现风险、承担风险、分散风险、化解风险，从而引导社会资源的优化和合理配置。美国在2008年国际金融危机后，产业重组和经济恢复的过程比较顺利，这与其发达的、有风险管理的资本市场密不可分。

资本市场更有吸引力

资本市场的吸引力是建立在公平合理的制度和严格的监督执法基础上的。在这个基础上，流动性是资本市场是否有吸引力的重要标志。流动性意味着在明确的制度和规则下，投资者有随时买入和卖出的自由和权利。一般来说，一个流动性不足的市场一定是一个功能缺失且缺乏吸引力的市场。金融衍生品，因为其特殊的产品设计和交易机制，对资本市场流动性产生了颠覆性的影响。金融衍生品通常以更高的流动性，带动了整个资本市场流动性的提高。

金融衍生品的流动性优势在市场面临危机时尤为明显，也尤其必要，因为这个时候现货市场的流动性容易迅速萎缩。金融衍生品市场充沛流动性的存在，使投资者可以及时进行必要的风险对冲，进而可以减轻市场波动对投资组合的冲击，也可以减轻甚至避免潜在的恐慌性砸盘和踩踏出逃等现象。在这样的市场中，境内资金清盘离场的概率会减小，国际资本也会因为容易腾挪避险而降低了资本回流的本能冲动。因此，保护市场流动性（包括证券和衍生品市场）是发达资本市场监管者最重要的监管目标之一。这样有风险管理且流动性充沛的资本市场对长期投资者更有吸引力。

投机交易不可或缺

对资本市场至关重要的流动性与投机交易密不可分。资本市场中各类投机交易者的参与是资本（股票市场）和风险管理社会化（衍生品市场）过程中不可或缺的[①]。所谓资本社会化是指现代经济所需要的，更广泛投资者参与形成的规模更大、流动性更高的资本市场。衍生品市场也是如此，这类似于在医疗保险中需要大量年轻人、健康者参与保险，这样才能满足少数高风险投保者的赔付成本，保险市场才能成功运转。

投机交易是有风险管理的资本市场的重要组成部分，也是既定交易制度和监管框架下的合规交易行为。虽然投机交易者可能更倾向于较短期的交易，但是他们是市场风险的主要承担者。正是因为有了这类风险承担者的存在，金融衍生品市场才可能有充足的风险管理所必需的流动性，资本市场的风险管理才能顺利进行。当然，过度投机，尤其是违法违规交易，必须受到严格的管控和处罚，以保持市场的有序和公正。正如罗伯特·莫顿所说，"任何美好的东西一旦过度都会变得令人厌恶"。对于投机交易来说，投机是必要的，也是有益的，但是过度投机和由此产生的非理性价格波动时有发生，若不加管控，就有可能产生破坏性的后果。

值得一提的是，价格波动的原因十分复杂。虽然过度投机很可能导致价格大幅波动，但它不一定是价格大幅波动唯一原因或最主要的原因。过度投机的背后一般都有基本面、资金面、政策面等更深层次的原因。因此，交易所和监管机构对过度投机的认定和应对也必须采取谨慎

[①] 参阅第二章"金融衍生品微观交易的宏观内涵"一文关于投机交易的宏观经济意义部分。

客观、标本兼治的态度，以保护市场正常的价格形成机制和市场流动性。

金融衍生品与资本市场和实体经济的关系

包括金融衍生品在内的资本市场之于实体经济的重要性是显而易见的。资本市场是资本运作的平台，资本的高效运作成就了实体经济的创新和增长。如果必须以虚实而论，资本市场和实体经济虚实相济成就了现代市场经济体系。在这个经济体系中，金融衍生品使资本市场成为了有风险管理的资本市场。资本市场风险管理能力的提高，可以更好地作用于实体经济，使现代市场经济体系更稳定、更完善、抗风险能力更强。

金融衍生品市场是中国现代社会主义市场经济体系走向成熟、稳定和强大的内在需求。我国的金融衍生品市场目前还处于初级阶段，这与中国的全球经济地位、资本地位和政治地位极不相称。严重滞后的金融衍生品市场有可能成为中国未来经济稳定增长、技术创新、产业升级的掣肘因素之一，因为缺乏风险管理的资本市场风险较高、稳定性差，其对实体经济的推助作用会受到严重限制。

在我国建立一个开放、完整和高效的金融衍生品市场（包括股指、利率、汇率等衍生品），可以使国际和国内投资者在应对下一次资本市场大幅波动时具备更好的抗风险能力；可以使中国资本市场更富弹性和韧性、更具吸引力；甚至可能在未来的市场危机中使中国资本市场成为国际资本回流的避风港。有风险管理的资本市场所形成的资本凝聚力是中国实体经济增长、创新和转型的可靠基石。

金融衍生品的
本质

THE ESSENCE OF
FINANCIAL DERIVATIVES

第二章

金融衍生品与资本市场交易制度

金融衍生品交易的本质和作用

如前所述，自20世纪70年代以来，金融衍生品迅速成为资本市场的重要组成部分，并被公认为是继股份公司制和股票市场之后，资本市场经历的又一次深刻的制度进步。而资本市场是怎样通过金融衍生品市场实现制度进步和功能提升的呢？或者说金融衍生品交易本身是如何作用于资本市场和实体经济的呢？本文我们将从金融衍生品延续资本竞争的核心内涵出发，探讨金融衍生品交易与现货资产交易的异同；阐述金融衍生品交易在完善现货市场交易功能和客观反映市场基本面等方面的作用；分析市场危机中金融衍生品市场对现货市场流动性的补充、交易限制对市场的负面影响以及市场危机的应对等争议较多的问题。

金融衍生品交易强化了资本竞争的核心内涵

本书第一章《金融衍生品的历史观和意义》一文讨论到，资本价格属性和资本所有权的分离使金融衍生品竞争的目的不再表现为特定公司利润最大化的竞争，而是表现为更直接的资本相对价值的竞争。它使交易者能够摆脱资本个性特征（公司属性）的羁绊，并将注意力集中到资本的共同属性，即资本的相对价值。这种更直接的资本相对价值的交易和竞争是以金融衍生品更简单、更灵活、更直接的交易机制（杠杆交易、当日无负债结算等）和大大降低的交易成本为前提的。金融衍生品更高的流动性和更低的交易成本，使各类投资者有更多的机会和更强的意愿参与资本相对价值的比较、交易和竞争。因此，金融衍生品带有与生俱来的、更强的竞争性。例如，从成本效率的角度看，股指期货交易是投资者对股票指数整体价格水平的比较和竞争，这远比交易指数内一揽子股票更简单便捷得多。交易股指期货不仅成本远远低于交易一揽子股票的成本，而且成交速度也极大提高。因此，以股指期货为标的的价格竞争也更直接和高效。

不断强化的市场竞争是资本市场自诞生之日起，规模不断扩大、功能不断优化的关键因素，也是在日益激烈、优胜劣汰的竞争中，资本市场持续推动社会资源的优化配置，持续促进着产业升级、技术创新和经济增长的关键因素。金融衍生品强化资本竞争内涵的积极作用是如何通过其对资本市场现货资产（股票、债券等）交易功能的优化实现的呢？

金融衍生品优化了证券现货资产的交易功能

金融衍生品具有更卓越的短中期交易功能

证券市场的产生使资本交易的灵活性、效率和规模得到了空前提高，而金融衍生品又将资本市场的交易功能提升到前所未有的高度。金融衍生品源于基础资产的价格属性，对投资者而言，这意味着金融衍生品和与之对应的基础现货资产之间有着共同的资本增值的强烈动机。而两者最大差异在于，金融衍生品（尤其是场内金融衍生品）交易的灵活性和成本效率优势使其特别适合资本的短中期交易、持有和增值；而现货资产的交易更适合交易者基于对特定资产的认知和偏好而产生的交易和持有需求。例如，投资者看好某个公司的近期发展，因而买入持有这家公司的股票；或投资者长期看好某个公司，进而希望通过长期持有该公司的股票（或债券）以获得资本升值、股息（利息）以及其他因持有股票（或债券）而带来的权益，如参与公司治理、行使股东（或债权人）权利等。

换言之，金融衍生品交易更好地体现和满足了资本的短中期交易需求。而现货资产交易更好地体现和满足了投资者基于对特定现货资产的认知而产生的交易和持有（尤其是长期持有，也包括融券卖空等）的利益诉求。虽然这种资本的短中期交易需求也源于资本与生俱来的逐利冲动和避险本能，但它不是针对某个特定现货资产（如特定股票），而是针对一种广义的市场风险（通常所说的β）。而金融衍生品[①]正是为了交易这种市场风险而量身定做的。也就是说，金融衍生品交易可以在很大程度上替代过去投资者基于短期市场波动而不得已买卖特定现货资产的需要。

金融衍生品也经常被用来长期持有

因为金融衍生品和对应的现货资产价格有高度的一致性，在特定条件下交易者可以通过长期持有金融衍生品头寸，对相应的现货资产进行投资替代或风险对冲。如在利率水平相对较高、股息率较低、股指期货深度贴水等市场环境下，资产管理者为强化投资回报，经常采用中长期持有股指期货的策略，形成对指数基金或交易型开放式指数基金（ETF）等的投资替代。在市场中性、量化对冲等投资策略中，交易者经常长期持有衍生品空头（或多头）头寸以对冲投资组合多头（或空头）的市场风险。另外，场外金融衍生品，如利率互换、信用违约互换、权益类收益互换和期权等，也经常被银行或资产管理者长期持有以对冲或替代期限较长的现货资产组合。

金融衍生品优化现货资产交易功能的意义

金融衍生品短中期交易的优势和长期持有的便利，使其对资本市场现

---

① 这里特指以交易股指、利率和外汇类期货期权等金融衍生品来管理市场风险。当然个股期货期权是与特定股票挂钩的，是为实现各种与个股有关的交易策略提供的交易工具。

货交易功能产生了极大的促进作用。这主要体现在以下几个方面：第一，金融衍生品交易强化了投资者长期持有现货资产的意愿；第二，衍生品交易改善了投资者持有现货资产的弹性；第三，衍生品交易降低了投资者管理现货资产组合的成本；第四，衍生品交易提高了投资者现货资产组合投资回报的稳定性及安全性；第五，金融衍生品交易丰富了资本市场的产品供给、扩大了资本市场的规模；第六，衍生品交易降低了相同条件下现货资产市场的波动性。

事实上，现代金融衍生品交易的确取代了大量特定现货资产买卖交易的必要性。原因很简单：一是大量因资本逐利冲动和避险本能而产生的现货资产交易需求，能够通过金融衍生品，以更好的即时性、有效性和更低的成本得以实现。二是金融衍生品交易在很大程度上释放了过去因现货资产交易成本高，大规模资产组合调整难度大而经常被压抑的资本短中期交易需求。更重要的是，金融衍生品交易的灵活性、高效性和低成本使资本基于短中期市场变化而产生的交易冲动，无论是逐利还是避险，在得到更好满足的同时，极大地提升了资本市场总体功能、效率和规模，进而强化了其对实体经济的促进作用。

这也恰恰是金融衍生品市场交易规模远远大于现货市场交易规模的根本原因。以场内金融衍生品为例，据估算2018年美国标普500股指期货和期权[①]名义成交金额约是标普500指数成分股交易金额的15倍；而美国2018年所有利率期货和期权（CME相关合约）的名义成交金额是美国国债现货成交金额的10倍多。我国目前沪深300股指期货与现货成分股的交易金额之比仅为0.7左右，国债期货和国债现货交易金额之比不到0.6。中外资管机构普遍反映我国股指期货流动性过低、交易成本较高，严重限制了各类投资策略的运用，也导致了股指期货市场的功能发挥极其有

---

① 标普500股指期货和期权包括CME标普500股指期货（标准和迷你合约）、CME标普500迷你指数期权、CBOE标普500指数期权合约。

限。这组数据同时体现了我国金融衍生品市场发展的巨大潜力。

场内金融衍生品更客观地反映了市场基本面

场内金融衍生品充分交易的特性

场内金融衍生品交易基本不受交易标的供给不足和流动性差等因素的影响。与股票、债券等现货资产的交易相比，金融衍生品，特别是场内基准股指、利率和汇率等衍生品，天生具有高流动性和交易充分的特性。这是因为场内金融期货期权等合约是在交易过程中自动产生的，而且绝大部分产品采取现金交割。也就是说，场内金融衍生品交易合约因买卖需求而同时产生，不受现货资产供给和流动性的限制，只要价格合适，场内金融衍生品买卖成交没有障碍，成交量也没有限制，多空交易的竞争在特定时点和特定价格上达到自然均衡。因此，场内金融衍生品交易（尤其是市场基准股指、利率和汇率等产品），基本不会出现类似某些股票，因发行量小、流动性差等因素而产生的价格扭曲现象[①]。

场内金融衍生品卓越的价格发现功能

金融衍生品充分交易的特性使其价格更能及时和准确地反映市场参与者对市场行情的共识。其一，充分交易使任何一个时点上金融衍生品买卖成交的价格更具连续性和真实性，能够更迅速且客观地反映市场基本面、技术面、市场情绪，包括现货市场供需平衡状况等的综合影响。其二，金融衍生品合约到期时必须以相应的现货资产价格进行结算的机制，以及市场交易中的期现套利机制，是维系衍生品价格与现货资产价格内在联系的

---

① 参阅 Edward M. Miller, Risk, Uncertainty, and Divergence of Opinion，该报告认为由于某些股票供给短缺，加之做空机制不足，造成股票价格被高估；对股票估值的观点分歧越大，高估的情况越严重。

纽带，对期现货市场价格的客观性产生了重要的制衡作用[①]。其三，在金融衍生品买卖双方充分交易的价格竞争中，价格过高或过低的情况都相对更容易得到及时的调整。而随着成交价格的波动，衍生品市场始终保持在特定时点上多空充分博弈后的动态均衡。这正是金融衍生品价格发现功能的卓越体现。

金融衍生品有极强的抗操纵性

场内金融衍生品充分交易的特性使个别交易者试图通过非法手段扰乱市场供求平衡，进而操纵市场价格的企图变得非常困难。这就是为什么股票市场和传统的商品期货市场上经常有价格操纵案件的发生，而金融衍生品市场，尤其是股指期货市场，几乎没有操纵市场价格的大案。即使有市场操纵的动机和行为（如通过幌骗等操纵性或欺诈性手段牟利的违规违法交易），相关交易也难以对流动性充沛、交易充分的股指和国债等期货价格产生明显和实质的影响。例如，1995年英国巴林银行尼克·李森和2008年法国兴业银行热罗姆·凯维埃尔等流氓交易员案件，虽然涉及交易头寸巨大并最终导致英国巴林银行倒闭和法国兴业银行巨额亏损，但对市场价格没有产生明显影响。这也从侧面说明金融衍生品市场具有抗操纵性强、更容易客观反映市场基本面的明显特征。

市场干预、流动性危机和金融衍生品的作用

半个世纪以来，金融衍生品屡屡成为股市危机的替罪羊。美国1987年股市崩盘、日本20世纪90年代初的股市危机以及我国2015年股市异常波动之后，社会舆论对股指期货的指责如出一辙。然而金融衍生品在市场危机中究竟发挥了什么样的作用，市场干预的结果又会怎样呢？

---

① 期现套利机制也有赖于现货市场较好的流动性，尤其是融券做空机制的有效性。

股指期货负基差[①]和现货市场流动性缺失

当股票市场急剧下挫时,现货市场的流动性十分容易出现不断恶化的情况,如市场深度下降、价差明显增加、成交量由升转降等。尤其是当现货市场交易受到交易机制限制(如较窄的涨跌停板、融资盘集中强行平仓等)或人为干预时(如窗口指导限制卖空等),流动性恶化的情况(买卖失衡、成交量下降、价格失真)就会变得更加突出。而这时股指期货价格必然会出现跌幅大于现货市场,即所谓的负基差(股指期货价格—现货指数价格)扩大的现象。

对这种现象合理的解释:第一,期货市场价格发现一般早于现货市场,因此市场情绪悲观时出现负基差实属正常;第二,由于现货市场流动性下降,交易者必然会到流动性相对充沛的股指期货市场进行风险对冲或投机,这必然会造成负基差扩大;第三,由于现货市场融券成本高、券源匮乏,致使买期货卖现货的套利机制交易无法进行,这也造成负基差较长时间维持高位;第四,股指期货在提供市场流动性的同时,负基差也更客观地反映了不断恶化的市场基本面、市场预期和流动性问题[②]。

因此,股市波动中股指期货的负基差现象在很大程度上体现了衍生品市场对现货市场流动性的补充,它不仅是对市场状况的客观反映,更是市场风险释放、风险情绪宣泄和重新发现市场平衡的结果。这也充分

---

① 基差=现货价格-期货价格。但民间和媒体一般以期货价格与现货价格的差来讨论危机中股指期货基差的变化,所谓负基差是指股指期货价格低于现货指数价格的现象。

② 在股市暴跌过程中,负基差现象普遍存在,但在成熟市场,由于市场机制比较完善,负基差比例较低。如2008年9~12月,美国标普500股指期货负基差比例为日均0.08%。而在2015年下半年我国股市异常波动期间,沪深300指数期货基差比例为日均2.6%,2016年全年负基差比例为日均0.94%。负基差长时间保持在较高水平是股票市场流动性差、市场机制严重受损等一系列问题的结果,值得深入研究。

体现了股指期货交易灵活性和充分性所带来的市场功能发挥。然而，这一市场功能的体现却屡屡被当作攻击股指期货，甚至要求限制股指期货交易的重要依据。这不仅因果倒置，还将人们的注意力转移，使人们忽视或淡化了股市危机的真正原因：市场基本面恶化、政策应对失误和市场流动性危机。

限制卖空或提高做空成本无助于化解危机

首先，限制措施不能改变市场基本面和价格走向。当市场面临暴跌行情时，限制衍生品卖空或提高做空成本经常被当作一种应急措施。这种做法的假设前提是，限制措施可以减轻卖盘压力，进而防止市场进一步下跌。而事实是，限制措施可以在一定程度上抑制卖方交易者参与衍生品交易，但并不能改变市场基本面。而在基本面没有改善的情况下，卖方减少不等于买方增加，更不等于买方愿意提高买入价格。

这是因为：（1）在下跌行情中，成交价格在极大程度上取决于买方的意愿，卖方一般是买方价格的接受者。亟须风险对冲的卖方交易者或投机交易者一般会主动（或被迫）在买方的出价上成交。（2）即使限制措施暂时奏效，市场价格维持在不可持续的虚假高位上，这对买方交易者来说伤害极大。因为一旦市场继续下行，原来的买方遭受损失后必然加入卖方行列，从而加重市场下行压力。因此，单纯通过直接限制卖空或提高卖空成本以稳定市场价格的愿望注定是要落空的。

其次，限制措施容易导致市场流动性恶化，并引发更严重后果。限制衍生品卖空、提高卖空成本当然可能使部分投机交易者离场，但同时也导致市场流动性急剧下降。在市场大幅波动时，投机买卖的转换是极快的，之前的卖家，可能就是几分钟（或几秒钟）之后的买家；反之亦然。实证研究表明，衍生品投机交易（包括高频交易）在市场大幅下跌中买卖基本均衡；虽然投机交易一般会顺势而为，但有缓冲价格大幅跳跌的作用，对市场价格走势的影响总体是中性的①。但是，限制卖空、迫使投机者离场必然造成市场流动性恶化，进而对基本面交易者（有风险对冲需要的卖方和有买入持有意向的买方）产生十分负面的影响。

这种负面影响体现为：（1）期货、现货市场流动性恶化导致对冲成本提高，迫使有对冲需求的卖方交易者低价卖空，不惜成本实现风险对冲；（2）基本面卖方也可能被迫放弃衍生品风险对冲，但其股票现货头寸将因此面临更大的市场风险；（3）无法进行风险对冲可能最终迫使交易者直接抛售股票，进而加剧现货市场的震荡，并引发连锁反应；（4）有买入持有意向的交易者也会因担心市场持续下跌、价格连续性变差、平仓风险上升、规则不确定性增加等因素而进一步压低买价，甚至选择离场观望。这正是市场流动性危机的典型特征。

流动性危机可能引发系统性风险

综上所述，股市危机中，限制股票和金融衍生品交易或单方面提高做空成本的做法，虽然可能达到限制股票和衍生品市场流动性的目的，但不可能改变投资者对市场基本面的负面看法和市场走向。限制措施虽然用意是降低市场下行风险，但却直接导致了卖方风险难以释放、市场风险累积、期货和现货市场持续承压、市场价格失真、市场信心涣散等事与愿

---

① 沙石、薛纪晔：《极端行情下股指期货各类交易者行为特征和影响》，2017年9月，中国金融期货交易所内部研报。数据表明市场价格的主要驱动力量是基本面交易者（当日持仓占当日成交量15%以上的交易者，绝大部分是进行对冲套保的各类机构投资者）。危机中，基本面交易者虽然仅占市场交易量的5%左右，但持仓量占比却高达70%~80%，其中大额、集中的卖空避险交易是引导价格下行的重要力量。而日内交易者（当日持仓占当日成交量5%以下的交易者，包括高频交易者）虽然占市场交易量的80%~90%，但持仓量仅占不到全市场的10%，高频交易者的总持仓占比几乎为零。总体来说，日内交易者当日买卖基本平衡，其交易本身对市场价格的影响较小。
参阅 Kirilenko, Andrei, A. S. Kyle, M. Samadi, T. Tuzun, The flash crash: The impact of high-frequency trading on an electronic market, May 5, 2014, working paper。

违的后果。更严重的是,限制卖空等举措很可能将市场正常的下探寻底过程,激化成一场市场流动性危机。而流动性危机必然加剧市场恐慌、打击投资者信心,进而引发资本踩踏式出逃、风险外溢、危机升级等系统性风险。

从这个意义上讲,流动性是市场的血液,是支撑市场机制正常运转和维系市场信心的生命线。危机中,积极保护市场流动性是维护市场机制安全、稳定市场信心、防范系统性风险的最基本手段。因此,保护市场流动性也成为历次市场危机后各国监管机构形成的基本共识之一。

2015年我国股市异常波动是流动性危机的典型案例之一。2015年5月底,由于基本面、技术面、资金面和政策面等综合因素的影响,我国股票市场的下跌之势已成必然。这时,股票现货市场受限于过窄的涨跌停板,大量股票跌停,导致现货市场流动性急剧下降,交易者被迫到股指期货市场上寻求风险对冲和交易机会,造成股指期货承压和负基差放大。7月后,各种交易限制措施陆续出台,股票继续大面积跌停或停牌,市场流动性进一步恶化,市场恐慌加剧并呈现出加速下跌之势。9月后股指期货受到进一步严格限制,几乎无法交易,然而市场信心并没有提升,跌势依旧。第四季度小幅"救市反弹"后,股价持续下行、波动率居高不下,市场交易极度低迷,大量投资者离场观望。这场由流动性危机引发的股市异常波动一直持续到2016年6月才呈现出筑底企稳的迹象,此时上证综指已从最高点下跌了45%。[①]

市场危机的化解之道

明确危机中市场监管的目标

市场价格的涨跌是市场基本面变化的客观反映。应对市场危机,政

[①] 参阅清华大学国际金融研究院课题组:《量化投资与高频交易对市场的影响》,载《清华金融评论》,2016(2)。

府可以通过短中期的政策调整（如货币政策、产业政策和税收政策等）改善市场基本面，稳定市场预期，进而对市场产生积极的影响，而市场监管者，除了必须从严打击市场操纵、违规违法交易以外，应努力确保市场信息畅通、维护交易结算体系和大型金融机构稳定、保护期现货市场流动性、保持市场机制的有效运转，尤其是要让投资者对监管规则有稳定的预期。

正如1987年美国股灾时SEC副主席、斯坦福大学法学院教授，约瑟夫·格兰法特（Joseph Grunfest）在评论危机应对时指出的：如果可以增加市场信息流通的效率和透明度，提高交易系统容量，并采取措施提高市场流动性，监管机构就可能避免"黑色星期一"再次发生[①]。在2008年国际金融危机席卷全球的艰难时刻，除了对某些银行股"裸卖空"进行了限制以外，全球各主要金融市场都推出了类似的为市场注入流动性、为金融机构提供担保等措施，也都坚定地维护了证券市场和场内金融衍生品市场的正常交易秩序。

肯定金融衍生品在市场危机中的积极作用

市场组织者和决策者必须充分认识和肯定金融衍生品在市场危机中提供市场流动性的积极作用。金融衍生品交易既不是危机爆发的原因，也不会加重或减弱危机的强度，它和股票市场一样，都是市场危机的表象。危机中，金融衍生品市场的交易机制、结算效率和市场流动性必须得到适当的保护和强化，而不是限制和削弱。这有利于维护市场交易秩序、保护合理流动性、释放市场风险、稳定市场情绪，并尽快使市场达到新的均衡。

我国期货市场上经常采用限制每日开仓量、限制报单量、提高报撤

---

① 参阅约瑟夫·格兰法特：《更多的监管是否能阻止另一个黑色星期一的发生？》，尹小为译，载《金融期货研究》，2015（26）。

单成本、提高平今仓手续费等措施以抑制过度投机。这些措施的使用应以保持市场合理流动性为前提。特别需要强调的是，在股票市场剧烈波动的情况下，现货市场流动性容易出现严重不足，交易者更寄希望于通过衍生品市场满足风险对冲和其他交易需求。若此时加强上述限制性措施的力度，则不仅无助于危机的化解，反而可能使市场流动性进一步恶化，进而加重危机对市场造成的伤害、延长危机的过程。

危机中，市场干预经常是以保护投资者的名义出现的。但保护投资者应该体现在维护市场公开、公平、公正，体现在保护各类投资者在既定的规则框架下公平参与交易的权利；而不是保护某类投资者的盈亏，更不是调控市场价格的涨跌。限制交易等措施也经常以保护市场机制的名义出现。但是，临时改变交易规则、强制干预微观交易行为的措施，不仅可能会引发流动性危机，而且其对市场机制的破坏和对投资者信心的打击要比市场波动本身带来的损害严重得多，采取这类措施必须慎之又慎。

应对市场危机宜疏不宜堵

监管者可以通过事前风险预警、风险提示、风险防范来防止过度杠杆和投机。但当危机到来时，央行和监管机构则应该采取疏导性措施，确保金融机构资本流动性充裕和清算系统的稳定，保护市场流动性，稳定市场预期，防范系统性风险的发生。可供参考的具体措施如下。

（1）提高交易保证金。当市场过热或剧烈波动时，提高金融衍生品交易保证金是最常用的手段，适用于买卖双方，用意是降低信用风险发生的可能性，保护交易结算体系的安全性。

（2）设置合理的熔断机制。国际市场通常根据基准指数波动幅度设置阶段性的熔断机制（标普500指数7%，13%，20%），其目的是通过短时的现货和衍生品市场交易暂停（15分钟）直至全市场当日停止交易，使市场获得冷静反思行情变化的时间，同时确认资金信用状况是否稳定、交易清算环节是否安全有效等。其本质是保护市场机制正常运转，而非影响市场价格。

（3）价格波动带。该机制通常对报入交易系统的超出价格波动带范围的指令价格予以驳回，以防止恶意订单或错误订单破坏市场交易秩序，维护市场价格的稳定。但当市场进入大幅波动周期时，通常应该暂时放宽或暂停价格波动带的限制，以防止其阻碍市场流动性。

1987年美国股市崩盘后，金融衍生品市场在全球范围快速发展的事实，说明了金融衍生品的意义和作用越来越得到全球投资者和监管机构的广泛认同。在我国，2015年后股指期货所受的严厉限制正在逐步放宽，各类场内和场外期权市场也在提速发展，但金融衍生品市场总体发展水平仍然较低、国际化进程缓慢。回顾历史，深入客观地理解金融衍生品交易的本质及其在市场危机中的作用，有助于进一步消除社会上对金融衍生品的误解和偏见，促进我国金融衍生品市场的健康发展和国际化进程。金融衍生品市场的发展对完善我国资本市场制度建设，提高我国资本市场的规模和全球竞争力，进而促进我国实体经济的高质量发展有着十分重要的战略意义。

金融衍生品微观交易的宏观内涵

在中国,商品市场和股票市场服务实体经济的道理是被普遍接受的。但是,金融衍生品市场是否服务实体经济的问题,尚有争议。金融衍生品的交易者一般来说并不特别关注这些交易的宏观经济意义,而绝大部分局外人对金融衍生品不太了解,更谈不上理解其宏观意义,但他们却常常对金融衍生品抱有强烈的偏见。这个市场的监管者和组织者最理解衍生品的意义,而这部分人是资本市场的少数派。这就是为什么金融衍生品在市场危机过程中备受责难且无力自辩的原因。

金融衍生品交易大体分为风险对冲、市场中性策略、套利和投机交易四大类。本文我们通过分析这四类交易策略的基本特征,阐述其在促进资本积累、强化创新竞争、改善资源配置和促进经济增长等方面的宏观经济意义。

风险对冲交易的宏观经济内涵

风险管理是衍生品市场的基本功能。市场参与者对风险管理的狭义理解就是风险对冲,即为锁定(或部分锁定)特定生产要素未来不确定的价格变化而进行的衍生品交易。风险对冲交易在现代市场经济中被广泛应用,其积极作用不仅限于直接交易者本身,而且惠及实体经济的稳定运行。

促进稳健经营

随着跨国竞争的加剧,生产和投资规模的不断扩大,金融衍生品作为风险管理工具的重要性越来越明显。各类企业,尤其是大型企业、大型金融机构的生产经营活动对实体经济、就业、创新的影响越来越大,必须稳健经营。而稳健经营的基础就是风险管理,风险管理的最重要手段之一就是合理运用包括商品和金融衍生品在内的各种风险管理工具。

使用衍生品进行风险管理通常是企业和金融机构应对市场风险的首要选择。衍生品的对冲交易不仅可以便捷、有效地减轻市场参与者的现货资产因市场波动而可能带来的负面影响;并且由于衍生品交易成本极低,企业和金融机构更有意愿通过衍生品进行风险管理,从而减少生产经营中的不确定性和投机性。风险对冲不仅可以提高生产经营中的确定性和稳定性,同时可以提升企业资信、降低融资成本,进而达到规模扩张、技术创新和竞争力提升的目标。因此,以风险管理为目的的衍生品对冲交易有利于长期资本积累和经济增长。

促进市场稳定

通过有效的风险对冲,可以避免资本市场的参与者被动承受基础资产的价格波动风险,进而避免或减轻被迫卖出商品、股票、债券或外汇等现货资产对市场造成的抛售压力。也就是说,在市场大幅波动时,商品和金融衍生品市场在承接市场卖压的同时,缓解了要素市场可能面临的因集中抛售而引发的更大的价格波动。因此,金融衍生品对冲和避险交易活动,在保护机构自身安全的同时,也极其有利于增强资本市场整体的稳定性,提高资本市场的凝聚力和抗冲击力,进而有利于扩大资本市场直接融资和其他各项功能的发挥。这对全社会的资本积累和扩张、经济的长期稳定增长十分有利。

市场中性策略的宏观经济意义

金融衍生品的风险管理功能及其宏观经济意义固然十分重要,但它并不是衍生品产生和发展的全部意义所在。市场中性策略所体现的定制化和精准化投资对资本的积累、创新和竞争产生了更为深刻的影响。

精准投资的好处

精准投资是指现代对冲基金广泛运用的、有别于传统投资方法的、以追求在各种风险特征下的绝对或相对收益为目的的投资策略的运用。传统的投资策略虽然注重选择股票和行业，但并不特意规避市场风险（经济周期、宏观经济政策、资金流向等）。因此，传统投资策略的投资回报中，市场回报（或风险）的成分经常占相当高的比重（通常在80%以上）。市场中性策略通过衍生品对冲，将市场风险剥离，使投资标的本身的特质和投资者的投资能力得到更准确的表达。精准投资一是满足了更多投资者个性化的投资需求；二是使低风险偏好的资本进入资本市场，丰富了资本市场的参与主体，扩大了直接融资；三是促进了资产管理行业的竞争和投资效率的提高；四是促进了投资的专业化和机构化进程。

市场中性策略的运用

对冲基金投资策略中最普遍的就是市场中性策略，而市场中性策略背后是各种基于基本面分析或统计模型分析而进行选股的阿尔法策略、追求相对价值的多空策略、追求稳健或绝对收益的量化对冲策略等。虽然各种市场中性策略在风险种类和风险高低的选择上各有不同，但是这些策略的共同特征都是投资经理选择持有被低估、有创新潜力和优秀管理团队公司的股票或债券，并通过股指或利率期货等衍生工具对冲相应的市场风险，以此达到精准投资的目的。当然，对冲基金也可以选择卖空价格被严重高估，或治理结构和技术水平相对落后，甚至有欺诈行为企业的股票，并通过做多股指期货对冲市场风险。

市场中性策略与价值投资

与传统的买入持有或动态择时策略不同，这种市场风险对冲后的优质企业投资组合，使发现企业的核心价值并独立持有这种核心价值成为可能。因此，这种策略更直接地体现了价值投资的理念。换言之，市场中性策略使单位资本投入所体现的企业核心价值远远高于传统的直接买入股票的投资方式。市场风险剥离后投资组合内优质企业的核心价值理论上可以达到近乎百分之百。由于中性策略占用资本较少，这也使单位风险回报率（夏普比率，Sharpe Ratio）大大提高。不仅如此，风险对冲后投资组合的安全性得到提高，使适度杠杆成为可能，而这种杠杆的运用比传统的融资买股要安全得多。

市场中性策略背后的宏观经济意义

更强烈的创新和配置驱动。市场中性策略运用资本杠杆，以最直接的方式发现并撬动了优质创新企业的核心价值，体现了投资者对优质创新企业的强烈的认可和支持。它直接提升了优质创新企业的市场价值，并使这些企业有可能获得更多低成本的投融资机会，进而使它们更容易进行科技创新和市场开拓。这种策略的广泛应用，体现了社会资源向优质创新企业和行业更迅速、更直接的倾斜和配置，强有力地推动了社会劳动生产率的提高、产业结构的优化和实体经济的增长。

更直接的优胜劣汰机制。被卖空的所谓有问题企业股票的价格被更主动、更直接地压低，并产生对问题企业更强烈的警示信号，促使它们纠正问题、改善经营、转型重组，否则其会被进一步边缘化直至淘汰。从宏观角度观察，这类策略广泛地运用，帮助强化了资本的竞争本质和市场主导资源配置的积极作用。通过交易和价格信号的快速传递，各类资本和其他生产要素可以迅速减少在落后企业的配置，从而减少了社会资源的低效使用和浪费。可见，衍生品的这种促进创新和资源配置的功能，虽然与传统的股票投资类似，但比传统的方式更直接、更强烈。

更中性的市场趋势性影响。我国资本市场长期以来散户化特征明显，市场大起大落。在投资者追逐优质创新企业股票的同时，很多劣质企业的价格也常常在虚假信息的带动下跟风而上。而在市场大幅调整时，各种股票也不分好坏，泥沙俱下。精准投资和各类市场中性策略的广泛运用，不仅有更强的优胜劣汰的资源配置功能，而且对市场的非理性上涨（或下跌）有一定的抑制性作用，因为这些策略的盈利模式不以市场趋势为基础。因此，以衍生品为基础的各类投资策略的使用有助于中长期改变我国资本市场的散户化特征。

2010年以后，我国私募基金发展较快，其中各种市场中性策略的基金规模越来越大。但是随着股指期货市场自2015年9月以来被严格限制之后，这类策略的运作变得十分困难、成本较高。这些以市场中性和量化对冲策略为主的私募基金或大幅压缩交易规模，或转向传统的择时和趋势策略，或转投海外市场产品。

衍生品套利交易的价格稳定作用及意义

套利交易的基本特征

在衍生品交易中，套利交易无所不在。套利者一般都采取无风险套利的策略，即套利者通过一系列多空交易，使自己的净持仓（或市场暴露）为零。套利者通过捕捉市场中期货和现货之间、不同期限的期货合约之间，乃至不同期货品种之间的价格不合理偏差，采用买低卖高的多空均衡策略，以期当市场回归正常时获利。市场相对价格的偏差可能是交易订单不均衡、短期信息不对称、其他暂时性的基本面或技术面因素造成的。价格偏差纠正可能是瞬间的，也可能花费较长时间，如几天甚至几周。例如，期货合约的价格在合约到期时必须回归到基础资产的价格，而在价格回归的过程中，可能出现各种套利机会。

另外，宏观套利在套利交易中占少数，但这类投资者通常资金实力较强、交易持仓的期限也较长。宏观套利者通常对国内外宏观经济形势和大类市场的走向有着极强的判断能力。他们经常在资产大类之间进行带有资产配置性的套利交易，反映不同类别资产之间的价格偏差（股票与利率、不同商品、不同指数，甚至跨国市场产品之间），将某些资产过热或某些资产具有成长性的信号传递给市场，直接或间接地引导资源的配置。

套利交易是市场价格的稳定器

套利交易最重要的功能是使期货和现货之间、同一期货品种不同期限的合约之间、跨品种和跨市场之间的相对价格保持在合理区间。套利交易客观上起到了维护市场价格合理性的作用，因此它不仅有利于价格发现，而且是维系市场价格理性波动不可或缺的交易机制。客观准确的价格是资本市场正常运转的必要条件，是资本市场发挥融资和风险管理功能的基本要素。客观准确的价格水平可以对社会资源的合理配置产生积极的促进作用，这正是套利交易宏观经济意义的集中体现。

因为套利交易活动是以多空匹配（或对称）为原则的，所以一般来说套利交易的风险相对较低，对整个市场的走势影响甚小。实际上，对冲基金的市场中性策略和套利策略（包括做市策略等）的基础就是风险管理。这些策略交易者的风险管理意识比一般投资者更强，风险管理的执行更主动、更及时、更准确。因此这类策略对市场的影响，总的来说是比较中性的。

衍生品投机交易的宏观经济意义

在中国"投机"是一个贬义词，有非正义、不道德，甚至不合法的含义。而资本市场特指的"投机交易"其实是一个中性词。投机交易对应的英文单词是"Speculation"，一般指交易者根据短期市场判断在既定交易制度下进行的交易。虽然投机交易的形式各异，但基本上都是根据对市场的主观判断或技术分析等而进行的各种短线或超短线交易。投机交易是衍生品交易的重要组成部分，也是各类现货市场交易的重要组成部分，没有明显褒贬的内涵，更不能把投机交易和市场操纵等违规违法交易混为一谈。实际上，没有充分的短期投机交易就没有长期投资赖以生存的资本市场。正常而充分的短期投机交易所带来的规模和效率是现代资本市场得以顺利运转、市场功能得以发挥、资本市场宏观经济意义得以实现的必要条件。这也正是金融衍生品投机交易对市场、对宏观经济直接和间接的意义所在。

投机者是风险的承担者

衍生品市场是风险定价和交易的市场，市场主体主要由风险的规避者和承担者组成。而不以风险对冲为目的的投机交易者，无论是做多还是做空，都是最重要的市场风险承担者，是避险者必要和可靠的交易对手方。由于我国现货市场做空机制存在明显缺陷，因此股指期货市场上投资机构主要以卖空对冲和持仓为主（占空头持仓的70%）。市场均衡很大程度上依赖投机交易，也就是说市场多头持仓较大程度上依赖投机交易者（主要是自然人交易者）。如果投机交易受限，风险管理者的套保交易和各种市场中性策略都将难以进行。这正是2015年9月后，我国股指期货市场面临的困境。

投机者通常认为风险承担有利可图，投机者一般也有较强的风险承担能力，最重要的是投机者都有风险承担的强烈意愿。衍生品市场上的投机者，无论是大机构、小机构还是个人，都更懂得市场风险是一把"双刃剑"和风险自负的道理。风险承担使少数投机者一夜暴富或血本无归的案例屡见不鲜。在衍生品市场大浪淘沙的过程中相对弱势的散户投机者规模一般会逐渐减少，而专业机构进行的投机交易会不断增加，并在风险承担、价格发现和提供市场流动性等方面发挥更大的作用。

投机交易对价格发现有重要贡献

除了少数"噪声交易者"以外，绝大部分投机交易者都对市场趋势十分敏感。他们也最为关注市场风险和风险的价格水平，会对经济指标、政策动向、资金流向等各种基本面和技术面因素在第一时间作出综合的价值判断，包括投机交易在内的各类交易活动体现了各种投资理念和价值判断的激烈碰撞。投机交易者之间的多空博弈和充分交易，形成了最市场化、最公开透明、最不易操纵、最有公信力、最接近真实价值的市场价格。期货市场的发展历史证明，缺乏广泛投机者参与、流动性差的市场更容易被操纵，市场价格更容易出现偏差和失真，而偏差的纠正更加困难。

投机和套利交易者是市场流动性提供者

通过期货市场进行风险管理的交易者（避险者）通常交易频率并不高，多空交易在规模上和时间上极不匹配，他们通常下单比较集中且规模较大。对避险者而言，交易的即时性至关重要。他们希望能够以最短的时间、最小的价差买入或卖出较大数量的期货合约。因此，在没有充分的投机和套利交易的情况下，连续报价、连续交易和理想的市场深度都难以实现，不仅交易的即时性会因此大打折扣，市场价格也会受到较大的冲击，风险对冲的成本也会因此上升。一个流动性差的衍生品市场不仅严重限制市场风险管理功能的发挥，也无助于基础资产市场的平稳运行。

投机交易使全市场交易成本降低

投机和套利交易为市场带来较高流动性的同时，使交易成本不断降低。这体现为交易手续费不断下降、价差不断缩小、市场深度不断提高、市场交易更具有连续性和及时性。充分的投机和套利交易客观上使衍生品市场成为效率最高、最活跃的市场。这使衍生品市场对风险管理者来说更有吸引力、更可靠，也因此间接强化了整个资本市场的效率和功能。

加强对过度投机的监管

一般来说，各种宏微观基本面、政策面和技术面等因素的叠加对市场价格的涨跌、泡沫的产生和破裂有着更直接、更实质、更持久的影响。而投机交易对市场价格的影响一般是表面、直观和短暂的。但不可否认，在特定的条件下过度投机交易本身也有可能造成短期内市场价格的扭曲。虽然投机交易在各种市场行情下均大量存在，也并不必然引发暴涨暴跌，但对投机交易，尤其是过度投机，进行严密监测和及时监管无疑是必要的。

监管的目的是使正常的投机交易活动在发挥积极市场作用的同时，防止过度投机可能造成的价格失真和市场风险。而投机者合规有序的交易行为应当得到充分的认可和维护。在实践中，要掌握使投机交易既充分又不过度的平衡，而这个平衡需要在实践中不断摸索。例如，当期货期权市场交易量的增长不再伴随着持仓量的增长，甚至持仓量开始下降时，市场就明显呈现出过度交易的特征，需要引起交易所和监管机构的高度警觉。

值得注意的是，以操纵市场价格为目的的违法交易经常被误认为是过度投机。其实不然。对使用操纵性和欺诈性手段进行的违法违规交易必须在任何情况下予以制止和惩罚，而对过度投机的监管则是当正常交易活动在数量、频率和影响等方面的指标严重偏离正常水平或超出监测边界时采取的以防范市场风险和维护市场功能正常发挥为目的的保护性措施。

提高金融衍生品的有效供给

我国资本市场虽然已经有了较大的规模，但产品种类单一、投资策略趋同，市场稳定性较差，这与金融衍生品的有效供给不足有直接关系。衍生品的供给不仅可以通过强化企业稳健经营，改善全社会的风险分布，而且可以通过多元化投资策略和产品的发展，促进投资主体的多元化，改善投资者结构、扩大投融资渠道、降低市场波动率、完善市场功能。金融衍生品市场的发展可以为多层次资本市场的建立提供一个多元、稳定、风险可控的市场环境。

  2015年我国股市的大幅震荡使我国金融衍生品市场的发展遇到很大的挫折，关于金融衍生品作用的辩论也变得异常激烈。综合理性地看待市场中产生的问题，正确认识金融衍生品交易的作用及其宏观经济意义，有助于推动我国资本市场建设、经济持续稳定增长和实现进一步开放的长期目标。因此，我们建议在改进交易和监管制度的基础上，进一步恢复和扩大股指期货的交易规模、丰富交易品种、优化交易机制，同时加快推进合格机构发展各类股权、商品和其他资产类别的场外衍生品市场，从而完善中国金融衍生品市场体系。

金融衍生品与机构化投资 *

股票市场日益成为长期机构资金重点关注的投资领域，而我国以散户为主的投资者结构和各种制度缺陷造成股票市场波动性高、凝聚力弱、短期化行为严重等问题，对长期机构资金入市十分不利。机构化投资是全球各成熟资本市场的普遍趋势，对资本市场的稳定和实体经济的增长至关重要。机构化投资的发展不仅与各种金融政策有关，更与以股指期货为代表的金融创新有关。本文将从我国资产管理行业的需求和供给入手，分析机构化投资的特征以及机构化投资有赖于金融衍生品市场发展的原因，并从交易机制和产品的角度，对发展以机构化投资为主的资本市场交易制度提出若干建议。

投资市场的需求与供给

资产管理需求旺盛

我国经济规模和居民财富的快速增长，意味着投融资需求的高涨。据统计，截至2015年底，中国个人可投资资产达到110万亿元，其中高净值家庭（家庭可投资资产600万元以上）财富约占全部个人可投资资产的41%（约44万亿元）。居民财富配置正在从房地产投资（2012年占55%）转向在各类资本市场进行投资理财。这体现为近年来

---

* 本部分成文于2016年中，相关市场数据更新至2016年初。虽然市场情况和监管政策已经有了很大改善，但相关问题的讨论和结论依然成立。

资产管理行业的快速发展。2015年底，各类资管机构管理的资产总规模已到达93万亿元[①]，过去三年复合增长率为51%。从理论上讲，资管行业的发展对提升资本市场效率、稳定经济增长以及助推经济转型具有重要的战略意义。

股票市场规模较大但缺乏长期机构投资者

与银行信贷和债券市场等相对保守和稳健的投资形式不同，股票市场是现代企业迅速扩大生产规模、推动高新产业和高新科技领域发展的重要融资形式。股票市场公开透明的交易定价机制和充沛的流动性，意味着资本市场不仅可以满足企业的融资需求，而且可以为投资者带来相对较高的投资回报。我国股票市场总体规模虽然较大，但自由流通市值和市场深度较低，波动性较高，长期机构投资者的参与度较低。

目前，我国股票总市值为45万亿元（2016年第一季度末数据，下同），但自由流通市值仅为18万亿元左右[②]，2015年股票融资总额为1.05万亿元。相比之下，2015年银行业资产总额达194万亿元，银行业贷款余额近100万亿元，新增贷款11.2万亿元。从持股结构上看，个人投资者在股票自由流通市值中持股11.5万亿元，占64%；各类机构持股6.5万亿元。

[①] 数据来源：中国光大银行与波士顿咨询公司联合研究，《中国资产管理市场2015——前景无限、跨界竞合，专业制胜、回归本源》，2016年4月。

[②] 所引2016年第一季度末数据全部来自中登公司和中信证券股票研究部。股票的流通股市值（自由流通股本×股价）：（流通股本－其他扣除数）×股价，其他扣除数主要包括：1. 持股≥5%的大股东持有的流通股份；2. 持股<5%的股东持有的流通股份，考虑一致行动人（即和≥5%股东有关联关系或者虽然持股<5%，但关联方累计≥5%）；3. 前10大股东或前10大流通股东中公布的高管持股数，一般全流通情况下扣除75%，（因为《中华人民共和国公司法》规定高管每年实际可流通的股数不超过其持股数的25%，其他情况视上市公司具体公布情况）；以上不包含基金、基金管理公司、社保基金、保险公司、财务公司、企业年金、券商、券商集合理财、信托公司、银行等金融机构。

若扣除政策性极强的国家队持股2.3万亿元（救市资金和汇金），专业金融机构持股占股市自由流通市值的23.3%，仅占资管行业总规模的4.5%。

散户化的市场结构，使股票市场比较容易受到货币政策和其他短期因素的影响。此外，我国上市公司股权结构和公司治理的短期化倾向、股票发行与退市的制度缺陷、风险管理理念和工具的匮乏、短期性的业绩评估和激励机制等因素，共同形成了资本市场明显的短期化交易特征，具体表象就是股票市场的高波动性和高换手率。

由货币宽松、金融杠杆和短期炒作等因素催生的牛市往往激烈而短暂，并容易在短期内将股票估值水平推升至非理性的高度。随之而来的则是市场风险的集中爆发、股票市场的剧烈波动、漫长的熊市以及涣散的市场人气，这使资本市场的长期投资价值受到怀疑，长期机构投资者望而却步，资本市场的投融资功能受到严重的影响。

"资产荒"背景下的资产收益率下降

在我国经济增速放缓，经济结构面临转型之际，我国各类资产的投资风险都在提高，"资产荒"成为2015年以来投资市场最突出的挑战。"资产荒"并不是指没有资产可投，而是资产端缺乏相对高收益、低风险的优质基础资产。在利率下行、信用风险增加、监管强化的大背景下，资管机构难以持续获得期限匹配的低风险优质资产，从而对资管行业的产品收益率、新增规模和风险管理造成叠加影响。一方面，资产端优质资产匮乏，另一方面，居民理财意识增强，机构和个人理财需求空前增长，资管机构不得不更多地配置相对低收益的资产，导致资产收益率整体下降。

"资产荒"不仅造成资产收益率的下降，也带来了一些意想不到的严重后果，如房地产炒作、艺术品炒作、资本外流和频繁发生的以高回报为诱饵的非法集资等。从这个意义上讲，"资产荒"可能造成国家金融安全隐患，必须加以疏导。而将部分收益饥渴的社会资金通过金融机构引入股票市场进行长期投资对我国资本市场和实体经济有着十分重要的意义。

长期机构资金的特点和进入股票市场的契机

股票市场是一个高风险、高回报、高流动性的投资载体。目前，资管行业面临的困境为股票市场引进低风险偏好的长期机构资金提供了难得的契机。长期机构资金的典型代表是保险资金、社保基金、企业年金、银行理财、私人银行、家族财富、捐赠基金等。

长期机构参与股票市场的需求和障碍

近期机构调研显示，银行理财资金和私人银行有可能成为极具潜力的股票市场长期投资者。据统计，2015年底这类资金已经达到24万亿元，其中90%投资于固定收益类产品，包括非标资产、国债和公司债等；投资于权益类（股票）资产的比重约为5%。在银行传统资产收益率下降和信用风险上升的背景下，银行理财类资金增加权益类投资的需求不断提高，未来入市的潜力很大。银行资管投资于权益类产品的原因在于：一是资产配置的需求；二是发现提供长期稳定收益的优质资产。通过市场中性和量化投资策略在股票市场中获得相对稳定的长期收益是银行资管和私人银行管理人十分看重的投资机会。

目前，银行资金投资股票市场的模式还有待进一步规范，此类资金的规范入市将会给资本市场带来十分积极的影响。银行理财产品的持有者主要是居民，理财产品绝大多数都是短期产品，所以银行资管对股票投资组合的流动性和安全性有很高的要求，强调风险对冲，并且对投资组合的波动率和回撤率有非常严格的要求。而量化策略通过风险对冲等手段，正好可以满足银行资管在安全性、流动性和低风险等方面的要求。事实上，银行资管（包括私人银行）已经成为市场上量化投资产品的主要投资人，投资额占量化投资总额的70%以上。目前，私募基金、券商资管、公募专户、银行资管、私人银行等管理的量化多头和量化对冲产品的总规模可能已经达到3000亿元左右。

但是，自2015年股指期货受到严格限制以来，量化投资面临严峻的考验。由于市场流动性差、负基差等因素，风险对冲难以有效进行，导致量化基金被迫卖出大量现货股票以保持原有的风险敞口，大量存量资金处于闲置状态，而少部分量化对冲策略转变成量化择时等纯多头策略。此外，量化产品投资需求虽大，但产品的发行也因股指期货的严格限制而遭遇瓶颈。投资者有钱投不出，管理者想投没法投，量化投资的有效投资规模急剧收缩。据博道投资估算，如果股指期货的限制措施得以适当放宽，以中性策略为主的量化产品即可恢复交易，预计短期内将能为股票市场带来2000亿元的增量资金，中长期可能为市场带来上万亿元的长期资金。

股指期货逐渐恢复正常交易也会给保险资金和社保基金等长期资金的入市和稳定持股创造更好的条件。目前全国保险业总资产为12.36万亿元，保险资管规模为10.5万亿元。但保险资金持股规模不到1万亿元，不到保险资产管理规模的10%，仅占A股市场自由流通市值的4.6%。截至2015年底，全国社保基金的规模为1.5万亿元，目前持股规模约为1800亿元，大约是管理规模的12%，仅占A股市场流通市值的1%。保险基金和社保基金投资股市的上限均为30%，因此这类基金进入股市的潜力很大。保险和社保资金的风险偏好低，在追求稳定回报的同时更强调资金的流动性和安全性。因此，有效的风险管理工具有可能使更多的保险和社保资金成为股票市场的长期力量。

长期机构投资的特征和理念

长期机构资金进入股市一般追求的是长期稳定的收益。这和股票市场中绝大多数的个人投资者有本质的区别。我国个人投资者在股市的投资具有较强的投机性，原因是个人投资者普遍缺乏明确和理性的回报预期、风险意识和风险管理手段、系统和可持续的交易策略。在一个稳定性差、波动率高、信息量大、噪声多的市场环境里，追涨杀跌的短期行为成为短期资金必要的生存之道。

而长期机构资金，无论是银行理财、私人银行，还是保险、社保基金、财富信托等都是相对保守的资金。这类资金并不简单追求收益的最大化，而是更强调资金的安全性、风险的可控性、策略的科学性以及收益的稳定性。与个人投资不同，长期机构投资具有以下明显特征：有比较系统的投资策略；有相对理性的回报预期；有比较现代的风险管理理念和手段。这类长期机构投资者参与股票市场不仅可以带来目前资本市场急需的增量资金，还可能在一定程度上改善目前资本市场明显的短期化特征。

长期机构资金所追求的长期稳定收益意味着资产管理者必须在追求投资回报的同时控制市场风险，或在一定的风险水平下追求投资组合超额收益的最大化。这正是夏普比率[①]的核心理念。缺乏风险定义的投资回报是简单和片面的，虽然理论界也对夏普比率提出各种修正，但是现代投资理论总是在不断强化风险管理作为资产管理的核心内容。

随着金融定价理论的发展及计算能力的提高，投资管理的精准程度

---

① 夏普比率（Sharpe Ratio），又称夏普指数，是基金绩效评价的标准化指标。现代投资理论的研究表明，风险的大小在决定投资组合的表现上具有基础性的作用。风险调整后的收益率是一个可以同时对收益与风险加以考虑的综合指标，长期能够排除风险因素对绩效评估的不利影响。夏普比率就是一个可以同时对收益与风险加以综合考虑的三大经典指标之一。投资中有一个常规的特点，即投资标的的预期报酬越高，投资人所能忍受的波动风险越高；反之，预期报酬越低，波动风险也越低。所以理性的投资人选择投资标的与投资组合的主要目的为在固定所能承受的风险下，追求最大的报酬；或在固定的预期报酬下，追求最低的风险。

和量化程度不断提升，这意味着资产管理者对信息的收集和处理能力不断提高，对各种交易策略的设计和执行能力不断提高，对投资回报和投资风险的掌控能力不断提高。在传统的投资理念和投资艺术的基础上，现代资产管理已经逐渐发展成为一门兼具逻辑性和科学性的金融科技，其中风险管理和量化投资的理念、方法在资产管理领域得到了广泛的应用。以美国为例，个人投资者和多头公募基金，仅占股票市场交易量的26%，而量化程度较高的对冲基金、高频和统计套利者、各类机构自营和做市商已经占到全市场交易量的74%（2015年数据）。在以多头为主的公募基金中，量化投资策略和方法的使用也很普遍。

机构化投资对金融衍生品市场的依赖

风险管理是机构化投资的核心

自20世纪70年代初以来，金融衍生品的产生和发展给发达国家机构化投资带来了强大的推动力。金融衍生品成为各类机构投资者风险管理的重要工具，也促进了不同类型和风格的投资机构和投资产品的发展。以美国为例，2015年机构投资者占股票市场市值的63%，占标普500迷你指数期货总持仓的85%。在标普500迷你指数期货持仓中资产管理公司占40%、对冲基金占25%、经纪机构占17%。欧盟国家61%的养老基金公司和保险公司直接或通过外部基金管理者使用了衍生工具，以到达资产配置、风险管理的目的。

金融衍生品为资本市场注入了风险管理的重要理念。以股指期货和期权等金融衍生品为基本要素的主动、有效和低成本的风险对冲可以使资产管理者，尤其是大型机构，可以避免在市场大幅波动时不计成本地卖出（或买入）股票现货。这极大地强化了传统的股票多头、趋势判断、行业优选等投资方式，使长期稳定投资和股票、债券等现货资产的持有变得相对安全和易于管理。投资机构持股的长期化在一定程度上减少了市场波动，有助于资本市场本身的相对稳定，也使投资机构可以对公司治理产生更大、更积极的影响。

量化策略丰富了机构化投资的内涵

金融衍生品的产生和迅速发展进一步推动了西方国家对冲基金行业及量化投资的发展。对冲基金（包括其他专业投资机构）以现代金融理论为基础，通过系统的数据分析建立投资模型、制定投资策略、确定风险指标，并运用算法交易技术实现交易执行和管理等的投资模式，统称为量化投资。量化投资包括各种量化套利策略、阿尔法策略、量化选股择时策略、商品交易顾问（CTA）策略、做市策略等。金融衍生品，尤其是股指期货和股票期权，是量化投资不可或缺的基础交易工具。金融衍生品在各种量化投资策略中的使用，极大地提高了投资管理的定制性和确定性，使在传统资产管理方法中难以实现的投资理念和逻辑得以实现。

量化策略的使用既可以在一定的投资组合风险水平下，尽可能地提高投资组合的回报率；也可以通过风险因子的有效分离，有针对性地投资于某些特定的风险因子（或价值），同时规避投资组合的其他风险等。量化投资还可以提供与传统投资相关性较低的投资组合，从而改善整个机构投资组合的风险收益特征。

机构投资者之所以青睐量化投资策略，是因为量化投资的成功运用可以在有效控制和减小投资组合波动性的同时，提高投资回报的确定性、稳定性和可持续性。这也使资本市场上交易主体（主要是各类金融机构）的定价能力、交易能力和风险管理能力得到普遍提升。适当运用量化策略和风险对冲，也在很大程度上提高了大型多头公募基金管理人在不同市场环境下的资产管理能力。

建立以机构投资者为主导的资本市场

建立一个成熟的、以机构投资者为主导的现代资本市场对我国实现经济转型、产业升级和长期稳定增长至关重要。机构化投资的发展需要经历一个长期的过程,它不是简单的投资机构数量和资产规模的增加,而在于机构投资者是否有现代的风险管理理念和手段,是否能为不同风险偏好的投资者提供多样化、差异化、风险收益明显好于个人的投资策略和产品。从交易机制和产品的角度,我们提出有助于机构化投资发展的若干建议。

强化风险管理的理念,便利机构交易股指期货

对各类机构投资者而言,强化风险管理的理念,建立风险管理制度,安排有效的风险管理手段,是2015年股市风暴后最值得吸取的经验教训。2015年股市异常波动期间,金融机构(尤其是保险基金)开立股指期货账户的积极性大幅提高,这充分体现了机构投资者风险管理意识的提高。因此,在增加金融衍生品供给的同时,监管机构有必要在制度、规则等方面对机构参与股指期货和其他衍生品交易提供更多的便利和支持,这必将会对未来机构化投资的发展产生积极的影响。

机构化投资需要有效的做空机制

我国股票市场缺乏制衡机制,容易形成个别股票甚至市场整体非理性的过度上涨和下跌。一个有效、便利和低成本的做空机制不仅有助于缓解市场非理性的暴涨暴跌现象,更可以让资本市场更直接、更容易地发挥优胜劣汰的资源配置功能,促进市场的健康稳定发展。因此,有必要完善我国股票市场的做空机制,扩大融券的范围,降低融券做空的成本,优化融券做空的程序。此外,由于做空策略难度较高,对资产管理者的管理水平和资金实力有较高的要求,境外市场主要是机构投资者参

与做空交易，可以预期做空机制的完善也会有利于进一步推动机构化投资的发展。

鼓励多元化的投资策略和投资产品

金融衍生品和量化策略的使用有助于改变我国资管行业投资策略单一化、趋同化的问题。多元化的投资策略和投资产品的供给，可以丰富资本市场机构化投资的内涵，可以使个人投资者在低风险的储蓄存款和高风险的股票投资两极之间作出符合其预期、更稳定和适中的投资选择。这对扩大资本积累和市场稳定有极其重要的意义。因此，监管取向应该积极鼓励证券、私募、基金等专业投资机构在投资策略和产品等方面进行创新。机构化投资能力的显著提高会对个人投资者产生更强的吸引力，进一步带动机构化投资规模的不断提高，从而对市场形成更强的正反馈效应。

从总量上管控市场杠杆比率

除了宏观基本面因素之外，任何一次股市危机背后都有杠杆资金的推动，因此必须对资本市场的杠杆水平高度警觉。在放宽投资机构参与融资融券业务、鼓励投资机构参与股指期货交易的同时，监管机构应该通过市场化手段，如利率、保证金、交易费用等，从总量上控制和调节市场杠杆比例。例如，通过调整利率和保证金水平使全市场融资融券保持在一个合理的比例内，以避免高杠杆下的过度投机行为。在期货市场上，可以通过保证金比例的调整、适当的差异化收费和开仓量限制等手段控制股指期货市场总体成交持仓比例，避免过度交易。

对机构化投资的短线交易保持宽容的态度

机构化投资的发展并不意味着短线交易（投机交易）的弱化，也不意味着资本市场流动性和价格发现功能的弱化。适当而充分的短线交易是资本市场高效运转、成本降低和功能发挥的必要条件。量化投资中的部分策略具有短线交易的性质,如套利策略、CTA策略、做市策略等。这类交易占美国股票市场交易量的50%以上,占标普500指数期货交易量的60%左右。

机构投资者的短线交易有系统的交易策略,在促进市场流动性和效率的同时,包含严格的风险管理和控制机制。这非常有助于实现合理的价格发现和理性的市场均衡,是一般散户投资者短线投机炒作所不可比拟的。这也是机构化投资提升市场稳定性和市场效率的重要原因。因此,在强调市场监管、打击违法违规交易、提高市场透明度的同时,建议对机构投资者的短线交易(包括高频交易)采取包容和开放的态度。

机构化投资是中国资本市场的发展方向,而金融衍生品在机构化投资中扮演着关键的角色。全球近50年金融衍生品市场的发展,成就了欧美国家发达和富有弹性的资本市场及比较稳定的现代经济体系,非常值得我们认真借鉴。金融衍生品市场发展的滞后,在很大程度上迟滞了我国机构化投资的发展,也使我国资本市场短期化特征持续的时间更长。因此,有必要把发展金融衍生品市场放到一个战略高度来认识,以此加快推动机构化投资的发展、完善资本市场结构、强化资本市场功能、促进实体经济增长。

高频交易：臆断与事实[*]

上文提到应该对机构化投资的短线交易（包括高频交易）保持宽容的态度。高频交易涵盖各类证券和场内衍生品交易的多个领域。在提高资本市场交易效率、降低交易成本等方面，高频交易和金融衍生品有相似之处，而社会舆论对高频交易和金融衍生品作为全新的交易机制也存在很多相似的误解和偏见。澳大利亚金融市场协会经济学家史蒂芬·科什纳在其2016年发表的《高频交易：臆断与事实》一文中针对相关问题进行了深入探讨。虽然这篇研究综述并没有直接讨论金融衍生品，但其对高频交易意义和作用的讨论与我们对金融衍生品意义和作用的分析有异曲同工之处。希望这些分析和判断能够给读者带来一些有益的启发。

随着计算机技术的发展，自动化、程序化交易首先在西方主要市场产生，并扩散至广大的新兴市场。自2000年以来，全球高频交易迅猛发展，在全球市场占有率逐年上升，也由此引发了其可能影响金融市场质量的担忧。而这些对高频交易的担忧和误解可能引发旨在抑制甚至取消高频交易的不恰当监管或政策建议。尤其是某些政客和利益群体建议对高频交易征收金融交易税（FTT），其目标是把高频交易赶出市场，增加额外税收或减少金融市场换手率。然而这些建议具有损害金融市场，

---

[*] 参阅 Stephen Kirchner, *High Frequency Trading: Fictions or Facts*, Policy: A Journal of Public Policy and Ideas，中国金融期货交易所虞瑾蔷、付迟、沙石编译。科什纳博士是澳大利亚悉尼大学美国研究中心投资与贸易研究所主任，曾任澳大利亚金融市场协会的经济学家。他的时事通信和研究成果可以通过以下链接查阅：https://stephenkirchner.substack.com/。

增加投资者成本的潜在后果。本文详细阐述了高频交易在金融市场中所扮演的角色及其利弊；分析了金融交易税对金融市场效率和投资者的影响。大量实证研究已经得出的结论是高频交易降低了交易成本，改善了金融市场运行质量。因此，关于高频交易的讨论和相应的监管应对都应建立在证据充分和审慎研究的基础上。

什么是高频交易？

自动化交易，也称算法交易（AT）是利用计算机程序判断交易机会并执行预先设定好的交易策略。高频交易是算法交易的一种，具有交易速率高的特点。

高频交易是一种交易技术而不是交易策略。它可以使包括做市商在内的各类市场参与者利用高频技术实现传统的交易策略。高频交易在速度、效率和成本等方面与传统手动交易和其他交易方法形成鲜明对比。

利用高频交易实现的交易策略通常专注于转瞬即逝的交易机会，而这些交易机会只有高速运转的计算机处理器才能发现并实施。此类交易机会通常是捕捉极其微小的价格偏差而获得微薄的利润（每股获利小到1/10美分）。高频交易公司就是通过大量交易这些微小的价格偏差获利，同时提供流动性并且确保金融资产的定价效率。

因为这些交易机会转瞬即逝，所以通常高频交易的持仓时间也非常短暂。例如，在澳大利亚股票市场，高频交易公司的平均持仓时间为一小时，但也可能短至几秒甚至几毫秒。

高频交易特点还包括较高的订单成交比例（全部订单和实际成交的比例）。高频交易公司经常在订单成交前频繁地修改或取消订单（频繁报撤单），这其实是高频交易功能的一部分。在澳大利亚股票市场，高频交易的平均订单成交比是13∶1，最高达1000∶1。

谁从事高频交易？

一般来说，从事高频交易的公司是那些将计算机科技运用到金融市场的小型公司，一般使用自有资金进行交易。这些公司被称为自营交易商（PTFs），因为它们主要从事自有资金的交易而非代理交易或经纪业务。与传统做市商一样，这些高频交易公司通常在场内提供股票买卖双边报价，通过买卖价差获利，其交易活动有助于缩小买卖价差。其他高频交易公司进行跨市场套利或统计套利，通过交易金融产品之间或不同市场之间的可预期的价差关系获利。

高频交易的相关技术也被其他市场参与者广泛使用。大型金融机构，例如证券经纪商、基金管理人也会频繁使用算法交易技术（Trade Execution Algorithms）作为自营交易的一部分，或者是为了减少交易成本。算法交易技术可以自动判断下单的最佳时间、场所以及订单数量。这些算法通过将大额订单拆分成大量小额订单，以减小大额订单对价格的影响、降低交易成本，并使经纪商和投资者受益。

高频交易有多重要？

高频交易在不同国家（和地区）占市场总成交量的比例各不相同。在澳大利亚，高频交易约占股票市场总交易额的27%，约占国债期货市场的14%。在海外市场，如美国股市，高频交易占到市场总成交量的一半以上。自动化交易占美国当期国债（On-the-Run）交易商间平台业务量的一半，约占外汇市场三大配对货币总交易量的70%。高频交易的成交比例是衡量高频交易对市场流动性贡献的一个重要标准。

2008年国际金融危机以来，监管改革大大减少了银行（包括投行）等传统市场参与者的做市业务。以全球来看，受监管政策的影响，危机之后银行持有的金融资产已经降至40%左右,各大银行减持可用于做市业务的证券持仓使自营交易商使用高频交易提供市场流动性的重要性更加凸显。

高频交易为市场带来的好处

降低成本

技术创新加上金融管制的放松,使许多金融市场的交易成本逐年降低,金融中介机构和投资者无疑是这一趋势的受益者。自动化的好处不仅局限于交易的执行,后台功能和盘后服务的自动化,如交易确认、交易清算等均颇受裨益。

不通过经纪商,直接向交易所提交电子化订单,是降低交易成本的一个重要创新。在美国,随着电子交易的增加,股票市场的质量和流动性都得到了大范围的提升。高频交易占美国股市成交额的70%,这是美国机构投资者大盘股交易全球成本最低的主因。

增加流动性

高频交易向市场提供流动性,这对市场运行来说尤为重要。流动性可以定义为市场参与者买卖金融产品或证券的容易程度。它通常以买卖价差(Spread)来衡量,当然市场深度(买入或卖出报单的数量)、交易执行时间(及时性)、总成交额和换手率等也都是市场流动性的衡量指标。

通过提供市场流动性,高频交易缩小了买卖价差,进而降低了交易成本。此外,高频交易也对缩小最小变动价位(Tick size)产生了重要的驱动作用,这进一步帮助价差的收窄。

高频交易给市场参与者提供了积极的外部环境,因为高频交易公司本身并不能独享由其所致的全市场交易成本降低的全部好处,也不能获得因为更充分的价格发现而产生的全部社会价值。

提高效率

高频交易通过降低交易成本,改善了市场运行效率。金融市场最重要的功能是价格发现,由此引导金融资产在经济体中的有效配置。金融市场效率是指资产价格反映最新市场信息的速度。高频交易引领的交易速度的提高保证了市场价格可以更快地反映最新市场信息。历史上,金融市场的众多创新都是基于将信息以更快的速度带入市场并从中获利的原始冲动。

更高的投资回报

投资回报的计算须去除交易成本,因此降低交易成本可以提高投资收益,进而提升资产价格。由此引申,像高频交易这样通过技术创新使交易成本显著而永久性地降低,必然会带动资产价格的永久性提高;而投资组合价值的增加,必然产生相应的财富效应。

降低融资成本

资产价格的提高使企业的融资成本降低,进而促进投资和资本积累、提高劳动生产率、增加实际工资、提高生活水平。琼斯指出,"这是高频交易创造社会价值的主要渠道"[1]。

提高市场效率

随着金融市场变得更有效率,高频交易公司可能获取的盈利机会反而会减少。就像其他行业一样,高频交易商在交易技术和策略上的竞争,必然使高频交易和算法交易的利润逐渐下降。直至某一阶段,高频

---

[1] Charles M. Jones, What Do We Know About High-Frequency Trading?, SSRN Scholarly Paper (Rochester, NY: Social Science Research Network, March 20, 2013).

交易采用新技术的边际成本将超过高频交易策略所产生的边际收益，而高频交易公司盈利水平不断下降的趋势正好体现了金融市场的运行效率的提高。

降低波动性

绝大多数实证研究支持高频交易提高市场质量、降低市场波动的结论。高频交易通过捕捉稍纵即逝的交易机会，使市场价格的波动（基于信息的永久性价格变化）更加平滑，也有证据表明高频交易的存在降低了收盘价（或市场）被操纵的可能性。上述讨论都说明了高频交易在客观上起到了提高市场流动性和市场效率的作用。

对高频交易常见的质疑之一是其较高的订单成交比，认为高频交易公司所提供的流动性是飞逝的，因此是不真实的。还有人指责，高频交易的流动性会在市场动荡时蒸发。然而，澳大利亚证券投资委员会（ASIC）发现，高频交易公司在S&P/ASX 200指数的多个市场波动区间对市场深度贡献的差别可以忽略不计。

较高的订单修改或撤单率本身并不是虚假流动性的证据。从其他流动性需求者的角度出发，重要的是高频交易公司提供的报价中实际被成交的数量。高频交易公司的成交量在市场交易总量中所占的份额更能体现它们对市场流动性的贡献程度。较高的订单成交比体现了高频交易公司交易执行的速度和效率，即使许多订单都被修改或取消，高频交易仍然在总体上提高了市场流动性。较高的订单成交比在价差和最小变动价位越来越小的市场环境中有存在的合理性，高频交易商必须更频繁地更新订单以应对哪怕是十分微小的价格变动。

高频交易的成本

高频交易公司作为市场中介，通过做市业务提供流动性以及套利策略获取收益。高频交易公司的利润经常被错误地认为是其他市场参与者的成本，但这些利润和其他金融市场服务商所赚取的利润其实没有本质的不同。

ASIC曾经估算，在澳大利亚股票市场，高频交易商为其他参与者提供流动性的隐含费用在0.7~1.14个基点，机构经纪商收取的费用相当于1~5个基点，零售经纪商收取20~30个基点。然而ASIC强调，这些成本需要与高频交易所带来的收益进行比较，这些收益包括总体交易成本的降低、市场效率的提高、市场波动的下降等。ASIC否认了个别媒体和市场人士提出的有关高频交易给投资者增加了成本的指控。

同样重要的是，高频交易公司的收入和利润应该与那些被其取代的传统金融中介机构的类似业务收入和利润进行比较。我们发现高频交易商的利润比传统经纪交易商低得多。不仅如此，那些认为高频交易给其他市场参与者增加了额外费用的论点更是站不住脚。恰恰相反，与高频交易存在之前相比，市场参与者实际上因为高频交易的存在而获益匪浅。

高频交易的盈利水平实际上可以看作市场价格在反映市场信息或其他因素方面的效率较差的结果，而高频交易的功能是减少或消除这种低效性。高频交易公司可能获得了一部分来自技术创新的超额收益，但这些超额收益可能随着竞争的加剧、时间的推移，以及算法技术和策略的推广运用而逐渐减少。

高频交易的盈利水平也在一定程度上代表了企业家精神和技术创新的回报，反映了高频交易带给金融市场的竞争动力。市场参与者之间利益分配本身并不应该成为决策者关注的重点，真正需要关注的应该是高频交易给全社会带来的经济效益。

高频交易可能同时是市场流动性需求者和提供者。高频交易需要流动性时，它主动成交，而不是被动交易。它仍然承担了稳定市场的作用，当价差过窄时消耗流动性，当价差过大时提供流动性，抑制价差的扩大。实证研究发现，一般情况下，高频交易是净流动性的提供者，即使当市场经历大幅波动时，也是这样。

为适应高频交易而进行的系统升级经常被视为高频交易给其他市场参与者强加的成本支出。然而，从长远来看技术驱动的市场基础设施升级对降低交易成本是必不可少的。高频交易驱动了金融市场基础设施的升级换代，使投资者得以享受新技术带来的好处，而对证券市场整体来说，这实际上是一种福利而非一项成本。

高频交易造成了闪电崩盘吗？

所谓闪电崩盘是指在没有明显基本面影响的情况下，短期内市场价格出现剧烈下跌（或上涨）。闪电崩盘不是现代社会发展的产物，而是长期伴随金融市场的特征。1962年5月28日，早在电子交易出现以前，在纽约证券交易所上市的大盘股在12分钟内暴跌了9%。

一些针对闪电崩盘官方及非官方的研究发现，高频交易不仅不会引起闪电崩盘，反而在此类情况发生时会持续为市场提供流动性，并充当了市场价格的稳定器。也有证据表明，在极端事件发生时，高频交易公司有时会选择平仓离场，拒绝提供流动性，这通常是出于公司内部风控的要求和资本约束等原因。这与其他中介机构面对极端波动行情的处理方式没有不同。在面对极端行情时，传统做市商的电话经常打不通，甚至根本不接电话，以规避做市风险。

软件故障、设计不当的交易执行或其他算法程序错误也造成了若干风险事件，而这个问题不是高频交易独有的。人为错误（例如乌龙指）曾经造成过多起市场风险事件。任何技术交易都有发生故障或错误的可能。

市场交易限制措施和熔断机制可以用来应对软件故障等造成的风险

事件，并为市场参与者提供修正算法的时间。这些手段对于应对曾经发生过的风险事件十分有效。

高频交易具有掠夺性和操纵性吗？

自从有了资本市场，市场操纵就存在了，高频交易就像任何技术一样也可能被滥用。无论在全球哪个市场，市场操纵都是非法的，一个公平而有序的市场对高频交易公司和其他市场参与者来说都一样重要。

对高频交易造成市场操纵的指控远远多于证据。英国政府科学办公室对以计算机为基础的包括高频交易在内的算法交易进行了三项实证研究，没有发现高频交易和市场操纵之间有直接联系的证据。

有一些潜在的市场滥用可以通过高频交易的手段实现。所谓的分层和幌骗策略采用没有真实成交意图的委托，这在许多地区都是非法的。尽管相关技术可能被这类非法策略利用，但这些策略并不局限于高频交易。塞单是指通过大量的订单淹没计算机系统，造成其他公司的价格调整速度减慢，但这种做法很难实施，因此并不常见。这些策略构成ASIC市场完整性规则下的市场滥用，是被严格监管和惩治的。然而值得注意的是，违背市场诚信的行为极少，只占ASIC执法行动非常小的一部分。

一些交易策略利用高频交易检测机构大单并抢先成交，可能会增加机构大单的交易执行成本，而这些成本一般直接转嫁给了散户投资者。这种做法有时被错误地称为抢跑交易（Front-running）。抢跑交易有其特定的法律和监管方面的含义，它是指在客户订单之前交易，或基于客户信息展开交易。基于公开信息，使用订单检测算法的交易是完全合法的，有别于基于客户信息的交易。由于高频交易公司没有代理客户，它们不可能基于客户的非公开信息进行抢跑交易。

中央限价指令簿的订单保护规则就是为了防止金融市场的滥用行

为。机构的大宗交易通常通过特定的场所执行（所谓的暗池）而不是明市交易，以防止大宗交易造成的价格波动，并保护其免受高频交易策略的影响。基金经理也可以通过使用算法程序来分辨高频交易带来的是噪声还是有效信息。高频交易根据暂时价格变动展开交易，如果这个暂时性价格变动与大宗交易相关，那么高频交易实际上降低了大宗交易者的交易成本，也有利于散户。使用暗池和零散订单内部化可能反而会增加散户和其他投资者的交易成本。

高频交易公平吗？

市场参与者和监管机构通过提供平等待遇和平等机会以确保市场的程序公平（Procedurally fair），但是金融市场的目的并非提供结果的平等（Equality of outcome）。在一个监管适当的市场环境中，高频交易在程序上是公平的，但可能会导致不同市场参与者的成本（收益）结果不同。特别是，高频交易公司可能牺牲了某些市场参与者的利益而获利。高频交易能够更有效地提供流动性，因此在激烈的市场竞争中更容易从其他效率较低的中介机构手中赢得市场份额。

高频交易公司通过提高交易执行的速度寻求相对其他市场参与者的比较优势。典型的例子是主机托管（Co-location），即高频交易公司将服务器放置于交易场所撮合引擎的机房里。这不是一个专为高频交易公司提供的服务，买方机构和数据供应商也经常通过主机托管寻求速度优势。ASIC对高频交易在澳大利亚股票市场的评论是，"我们并不认为市场参与者通过主机托管获得速度优势在本质上是不公平的"。

寻求交易执行的速度优势并不新鲜。传统的公开喊价交易大厅的一大特点便是争夺最佳位置以最快获得信息。自动化交易比实体的交易大厅更适合建立公平的竞争环境。大多数交易场所要求各托管主机到达交易撮合主机的电缆长度相等、带宽相同。只要这样的主机连接才是非歧视性的，相较于取决于经纪商接电话或系统速度等老式交易技术，自动化交易更有利于创造一个公平的竞争环境。

还应指出的是，算法交易技术并非专业公司或大型金融机构独有。个人散户投资者也可以设计和实施适合自身优势的交易算法。虽然一些高频交易技术可能超出个人投资者能够掌握的范围，但这和投资者在其他资源资质等方面存在的初始差异是一样的，并不是程序上的不公平。

通过监管限制或税收抑制高频交易是不公平的，因为许多市场参与者将因此无法享受高频交易带来的好处。正如贝尔指出的，"没有监管解决方案能够真正实现交易优势或信息接收、处理和发布能力的平等。监管干预所能做的只是转移这些优势的分布"。[1]

为何不应针对高频交易征收金融交易税？

金融交易税（FTT）是指对金融交易的总市值征税。FTT的缴纳者可以是买方、卖方或两者兼而有之。与其他税收一样，该税收的实际经济承担者可能并不取决于实际纳税的一方。

FTT有时被称为Tobin税，以詹姆斯·托宾（James Tobin）命名，他提出对外汇交易征税百分之一的国际统一标准。托宾的提案旨在应对过度活跃的国际货币市场。托宾认为全球政治和经济体系并不具备和金融市场一样的国际化程度，在浮动汇率制度和跨境资本流动的条件下，政府有效管理国家经济政策的能力受到了极大限制。然而浮动汇率制度和跨境资本流动的经验否定了托宾的担忧，他所倡导的FTT最多成为解决首要问题的一个次优方案。

由于FTT经常被误认为是向富人征税，因此也被称为罗宾汉税。许

---

[1] Bell, Beyond Regulation, A Cooperative Approach to High-Frequency Trading and Financial Market Monitoring.

多利益集团觊觎通过FTT获取财政收入,这个想法的假设前提是错误的,因为税收负担实际上通过更高的交易成本转嫁给了金融服务消费者和投资者,并非执行交易的金融中介。对于澳大利亚这样的小型开放经济体来说,像FTT这样的资本税会引发资本外流,直到税后资本回报率回归至世界其他地方的均衡水平。税收负担可能会通过资本存量、生产率和实际工资下降等形式最终由普通纳税人承担。

一个基本的经济学原理是税收会抑制所征事项的供给。通过对金融交易征税(包括高频交易),将降低市场流动性,因为交易成本上升必然导致交易量下降。据估算,长期股市交易量对交易成本的弹性区间为-1%~-1.7%(FTT或买卖价差每增加1%);资产价值对交易成本的弹性区间为-0.15%~-0.4%[①]。

更高的交易成本破坏了市场流动性,而流动性的最终受益者是消费者和投资者。更高的交易成本降低了回报率,也压低了资产价格。FTT一旦开始实施,其征收范围涵盖证券的财富价值可能会被压低。也就是说,对高频交易征收FTT将提高股票和债券市场的交易成本,从而对澳大利亚养老基金的资产价值产生负面影响。

FTT还会增加市场中避险交易者支付给为市场提供流动性的投机交易者的风险溢价,因此FTT可能对金融市场的风险管理功能产生负面影响,并可能增加企业、消费者和投资者对市场波动的风险敞口。

FTT的初衷之一是抑制包括高频交易在内的多因素造成的金融市场波动性。一个普遍的观点认为FTT可以用来抑制噪声交易或投机行为而不损害基本面交易。但是这种区别在概念上或实践中都难以实现。另一个

---

① George Wang, Jot Yau, Would a Financial Transaction Tax Affect Financial Market Activity? Insights from Futures Markets, Policy Analysis No. 702 (Washington, DC: Cato Institute, July 9, 2012): 10.

与普遍认知相反的问题是，对某一证券的持有时间（Holding period）或换手率并不必然意味着该投资者投资期间（Investment horizon）的长短。实际上，对该资产类别（Asset class）的持续投资而非对个别证券的持有时间，对投资者投资组合的长期回报更为重要。

有大量的证据表明，FTT和更高的交易成本实际上增加了市场波动。具有较高交易成本的市场，如房地产市场，也同样会表现出显著的价格波动，抑制交易使市场供需变化错位的时间增加，进而产生更大的价格波动。许多房地产市场的经验表明提高交易成本并不必然降低价格波动。

有人提议对澳大利亚本土和海外的高频交易都征收FTT，作为增加财政收入和抑制高频交易活动的手段。由于高频交易利润率低，即使FTT税率极低，也可能将高频交易，连同其所带来的各种好处逐出市场。FTT也会对其他低回报率的金融工具产生同样严重的影响，如回购协议。抑制或消除高频交易的税项不会提高税收，所以这个政策的两个目标互相冲突。尽管撤单费或订单信息流量税（比如由ASIC征收的用于支付市场监查的税项）与按金融交易市值的征税有着不同的经济影响，但二者对高频交易都有抑制作用。

不同国家和地区采用了不同方法，或促进或抑制高频交易。日本和新加坡等国家试图建立支持高频交易活动的监管和税收环境。相反，一些欧洲国家采取了税收和监管的方法以抑制高频交易。澳大利亚为保持区域和全球金融中心的竞争地位，营造支持高频交易的税收和监管环境非常重要。否则高频交易活动将转向其他地区，而澳大利亚也将失去这些交易给金融市场带来的好处。

使用FTT的国际经验值得深思。直到1990年4月被废止之前，瑞典在20世纪80年代实施FTT的结果是灾难性的。股票市场交易量下降了60%，市值下降了5.3%；FTT的实际收入仅是预期收入的3%，但导致期货成交量下降98%；FTT宣布后债券交易量立即减少了85%，另外50%的股票交易转移至伦敦。资本利得税收入的减少远远超过FTT的收入，所以，总的来说FTT对瑞典税收的影响是负面的。

2012年，法国实施了一系列旨在抑制高频交易的FTT，其中包括对一个月之内股票交易取消或修改次数超过全部提交订单80%以上的部分征收0.1%的非交易税。结果法国2013年在欧洲股票市场的交易量占比较2011年下降近半，从23%降为12.85%；税项收入不及预期的一半，并导致了市场质量的下降。

绝大部分理论和证据都不支持征收FTT，包括针对高频交易征收的FTT。正如琼斯所总结的：证据表明这些税项降低了股票价格，增加了波动性，降低了价格发现效率，损害了流动性，增加了交易成本，导致交易转向离岸市场。

总结

以计算机为基础的自动化交易广受误解。特别是高频交易常常被认为增加了散户投资者的交易成本。事实上，算法交易包括高频交易，通过增加流动性、降低买卖价差、促进价格发现和降低金融资产价格波动等方式提高了市场的质量和效率。通过降低交易成本，高频交易提高了投资回报率和资产价格。然而高频交易对不同参与者的成本（收益）分布的影响不是中性的。高频交易导致了金融市场传统中介业务的衰落，也可能造成某些市场参与者（包括高频交易公司）的静态交易成本的相对提高。史蒂芬·科什纳认为，从公共政策的角度来看，相对于高频交易给市场整体带来的经济福利（Net Economic Benefit），其对市场参与者静态成本（收益）分布影响显然是次要的。

史蒂芬·科什纳认为，监管框架需要适应并配合与算法交易和高频交易有关的创新活动，以确保消费者和投资者从中受益。通过强制监管或征税（比如FTT）抑制高频交易以应对相关问题是低效和不可取的。如果提高交易成本，公司和政府的融资成本也将随之提高，投资者回报率会下降，澳大利亚养老基金的财富存量也会因之受损。

在中国，高频交易出现才不到10年。现行的市场交易制度和监管规则对高频交易的约束比境外主要市场要严得多。与国际市场相比，国内社会舆论普遍对高频交易持怀疑态度，对高频交易的误解和偏见较深。2013年"光大乌龙指事件"引起了监管机构对程序化交易可能存在的潜在负面影响的高度警觉。2015年市场异常波动期间有媒体指责高频程序化交易助涨助跌、涉嫌市场操纵、乘人之危大赚不义之财等，这进一步让高频交易在中国市场蒙上了一层神秘且不光彩的外衣。高频交易在市场交易中（尤其是在市场大幅波动期间）的客观作用是什么，其对资本市场整体发展和功能发挥的意义何在，值得认真研究。对高频交易如何监管也是中国证券市场监管者面临的重要课题。

与金融衍生品一样，高频交易，作为一个新的交易机制，在其产生和发展之初，广受争议和误解实属正常。经过广泛的实证研究、辩论和实践检验，高频交易本身和市场监管机制也将最终走向成熟，并被交易者和监管者广泛接受。这个过程在发达国家资本市场已经基本完成，而在中国才刚刚开始。

金融衍生品的
本质

THE ESSENCE OF
FINANCIAL DERIVATIVES

第三章

金融衍生品市场国际化的意义

金融衍生品与全球资本竞争

从经济的视角看,当代主要国家之间的竞争形式已经从全球资源和市场的争夺,升级为全球资本的竞争。国际资本带来产业进步、科技创新,带来市场和就业,对一国经济的贡献是传统大国竞争方式无法比拟的。现代金融衍生品是在资本跨国竞争中诞生的,对西方大国资本市场的规模成长、效率提升和科技创新发挥了巨大的推动作用。目前我国金融衍生品市场发展水平与中国的经济大国地位和进一步市场开放的大局极不相称,进一步推动金融衍生品市场的发展,加快金融衍生品市场的国际化步伐,对扩大我国资本市场对外开放、助推人民币国际化、保障金融安全、强化我国全球资本竞争地位意义重大。

全球资本竞争及其影响

2010年,中国GDP首次超过日本,2018年已是日本GDP的2.4倍。作为全球第二大经济体,中国对世界经济的影响和依赖程度日益提高。在这种背景下,我国与世界主要国家在经济金融领域的合作与竞争受到广泛关注。本文我们将从全球资本竞争的视角,阐述世界主要国家之间竞争形式的演变、金融衍生品的作用,以及全球资本竞争对我国现阶段资本市场和金融衍生品市场发展提出的要求。

从全球资源和市场的争夺到全球资本竞争

纵观欧洲近代史,列强之间的纵横捭阖、相互倾轧,以及大航海时代海外殖民地的掠夺狂潮，20世纪以前大国竞争的共同特征就是资源和市场的争夺。撇开地缘政治、宗教和军事的对抗，大国竞争实力主要取决于土地、人口、各类资源和市场。贸易竞争是各国获得比较优势的主要手段，而军事实力则是贸易竞争的保障。当贸易受阻、竞争升级时，战争成为最后手段。这种竞争状态一直延续到20世纪中期。尽管西方资本市场在第二次世界大战以前已经发展了300余年，对各国经济、军事实力和大国竞争地位有至关重要的影响，但资本的跨国竞争并不多见。

第二次世界大战之后，各国资本市场得到了快速的恢复和发展。布雷顿森林体系的建立开启了以美元为主导的全球资本流动和跨国资本的竞争。大国竞争逐渐从资源和市场的争夺升级为跨国资本的竞争。跨国资本竞争最初体现为欧洲各国为恢复战后经济、获得更多国际资本而展开的竞争，主要是竞争来自美国的直接投资。跨国直接投资的目的不再是资源和市场的占领，而是资本的增值。投资者在通过跨国直接投资实现资本增值的同时，也给投资目标国带来了更多的就业，促进投资国经济增长和繁荣。而一个开放的资本市场保证了这些增值的资本可以在当地再投资或回流到投资者所在国。可见，国际资本的跨国竞争使投资者所在国和投资目的国获得了双赢的结果。

20世纪70年代初，布雷顿森林体系瓦解，浮动汇率体制加大了资本跨国流动的风险，但这并没有抑制资本跨国竞争的格局。相反，随着以金融衍生品为主的风险管理市场的快速发展，资本跨国流动和竞争的规模日益扩大。更值得注意的是，随着80年代以后全球贸易壁垒不断下降，经济全球化程度日益提高，贸易和市场竞争相对减弱，而跨国资本的竞争，尤其是金融资本的竞争，逐渐成为现代大国经济竞争更显著的特征和更重要的内容。对于资本输出国而言，资本输出是由本国特定资本全球逐利的本性所决定的，是以未来超额资本投资回报为前提的。而资本的引进是国际资本全球逐利的结果，对资本输入国而言，国际资本是本国资本规模扩张的重要补充。

以美国为例,美国拥有全球最大的资本市场,既是全球最大的资本输出国,又是全球最大的资本进口国。根据IMF的统计,截至2017年末,美国累计获得外国直接投资(FDI)4.6万亿美元,而国际金融资本累计投资美国金融资产市值存量高达5.7万亿美元,占全球跨国金融资产投资的19.5%。又如,中国多年来一直是新兴市场国家中最大的资本进口国之一,但金融市场开放度有限。截至2017年末,我国累计引进外国直接投资1.5万亿美元,而国际金融投资存量只有0.7万亿美元,仅占全球跨国金融资产投资的2.4%。以中国现有的经济和资本市场规模来看,在吸引外国直接投资和国际金融资本投资方面仍然有巨大的发展潜力。

金融资本全球竞争的特征和意义

同是国际资本竞争,金融资本有别于外国直接投资。外国直接投资对应的是某些具体项目的融资和技术的引进,以及对当地就业和收入的改善。而国际金融资本投资体现为:(1)国际投资者对一国经济长期投资回报的认可,也是从资本市场的制度体系上为一国经济投下的信任票;(2)国际金融资本的投资不仅支持特定上市公司或行业的融资和估值,也提升了一国资本市场的容量和功能;(3)国际金融资本参与在提升一国资本积累总量的同时,也促进了资源配置优化、技术创新和实体经济增长;(4)国际金融资本参与一般也会促进一国采纳更为市场化的经济政策和监管政策。因此,国际金融资本参与会对一国的资本市场和实体经济产生更综合的积极作用,这种作用是传统的资源和市场的争夺、外国直接投资等无法比拟的。

当然,金融资本的竞争并不取代对国外直接投资的竞争和大国之间的贸易及市场的竞争。金融资本的竞争是资本竞争的高级形式,它包含并在很大程度上超越了跨国直接投资、贸易、市场等大国经济竞争的核心内涵，成为大国经济竞争的最重要组成部分。贸易和市场的竞争固然重要，但对大国而言，成功吸引国际金融资本，必然使国际金融资本在股票市场和债券市场上所占的比例不断上升，而这背后体现的是更多国际资本为我所用，以及技术创新能力的增强、就业的增长、资源的保障和市场的扩大，因而更突出地体现了一国综合实力的增强。

可以说，谁在全球资本竞争中获得先机和优势，谁就获得了经济竞争的主动权，也就为政治、经济和军事竞争创造了坚实的物质基础。开放资本市场是主要大国参加全球资本竞争的前提，获得全球资本竞争的优势是大国竞争优势地位不断增强的必要条件。没有一个国家是在缺少或没有国际资本参与的情况下获得经济成功的。因此，世界各主要大国都十分重视发展、扩大和完善资本市场。而各国发展资本市场都不仅是为了市场发展本身，而更是着眼于吸引全球资本，促进全球资源在本国资本市场的高效配置，以最大限度地提高本国的经济实力和竞争地位。

全球资本竞争与金融衍生品市场

全球资本竞争催动了金融衍生品市场的发展

资本市场300余年的发展历史证明，每一次市场机制的进步都会使资本流动加速、资本竞争加剧，而这都直接带来一国资本市场功能的改善和经济实力的增强。20世纪70年代初，在以浮动汇率为主导的新国际经济体制下，国际资本跨国投融资的速度和规模加快。国际投资者在各领域拥有了更多选择，同时也面临着更多、更复杂的风险。这些风险既体现在不同生产要素价格在未来不同时间、不同地点上的不确定性，也体现在不同国际投资者对这些不确定性的需求和判断。在一个利率、汇率、商品价格自由浮动和国际政治风云变幻的世界里，金融衍生品市场应运而生，为投资者交易和管理各种风险提供了有效的工具。由于各类投资者风险偏好和风险敞口不断变化，金融衍生品市场的交易规模快速增长。经过近50年的发展,金融衍生品一跃成为当代资本市场的核心组成部分。

必须强调的是,金融衍生品不仅在跨国投资和贸易中发挥了重要的风险管理作用,也极其有利于一国国内资本市场和实体经济的发展。其一,投资者可以利用股指、利率和汇率期货期权等产品对投资组合的风险进行有效的对冲和管理,稳定投资回报,降低交易成本。其二,投资机构利用金融衍生品开发出更多不同类型风险收益特征的投资产品,从而吸引了更多资本入市,极大提升了资本市场的规模、功能和效率。其三,一国资本市场规模、功能和效率的提升直接增强了一国资本市场的国际竞争力和吸引力,奠定了一国在全球资本竞争中的独特优势,进而促进了一国实体经济的稳定和繁荣。

全球资本竞争需要成熟的金融衍生品市场

资本市场对现代经济增长和大国竞争的意义已经被广为认可。近代历史表明,凡是金融交易发展早、发展快的国家,其经济和军事实力也日益增强。18~19世纪,英国金融行业世界领先,发达的银行、保险和债券市场为其海外探险和贸易的成功、资本和财富的积累、技术的进步奠定了基础,也成就了日不落帝国的百年辉煌。以股市为主体的美国金融市场在19世纪中期围绕着科技创新而兴起,纽约股票交易所在20世纪初超越了伦敦交易所,纽约也从此成为全球第一大金融中心。美国在华尔街金融资本的推动下迅速崛起,成为全球最强大的经济体。

20世纪80年代以后,全球主要国家资本市场规模急剧扩张,这与金融衍生品市场的发展有密切联系。以美国为例,美国的资本市场以直接融资(股票市场)和风险管理为显著特征,并向全世界扩张,获得了巨大的经济利益。金融衍生品市场的迅速发展提升了美国资本市场的风险管理能力、金融创新能力、资本流转速度和效率,使美国的国内资本和国际资本以更大的规模进入资本市场。资本市场规模和运转效率的提升直接为90年代后期互联网、移动通信、生化科技等一系列科技创新的爆炸式增长提供了资本保障。

近50年来，尽管与金融衍生品不当使用或违规交易有关的风险事件时有发生，甚至场外衍生品的过度交易和监管缺失直接导致了2008年的国际金融危机，但这并不能抹杀金融衍生品本身的意义和作用。国际金融危机之后的市场共识是加强和完善金融衍生品的交易制度和合规监管，而不是对金融衍生品市场简单否定。因此，2010年以来，全球各国监管机构协同推动了更严格的客户保证金隔离制度，建立了场外衍生品中央清算制度，强化了衍生品交易报告制度，提高了衍生品交易风险资本金的合规要求等，这些举措促进了危机后全球金融衍生品市场的稳定健康发展。由此可见，成功的国际资本竞争需要一个产品丰富、规模适当、监管成熟的金融衍生品市场。

金融衍生品：中国参与全球资本竞争的短板

大规模引进外资是中国自改革开放以来的重要举措之一。20世纪90年代初，中国开始发展资本市场。2002年，中国推出了境外合格投资者（QFII）制度，正式开启了我国资本市场的开放进程。自2015年以来，我国QFII制度不断放宽和优化，沪港通、深港通、银行间债券市场对外开放和债券通等措施也相继推出。因此，2018年MSCI启动了将中国A股纳入其全球指数体系的进程；摩根大通、花旗银行等全球债券指数中也即将加入中国国债成分。资本市场开放程度的加深，也凸显了我国金融衍生品市场发展存在的问题。

国际投资者的风险管理需求无法满足

上述一系列股票和国债市场开放的积极举措并没有使境外投资者参与中国股市的比例明显提高。境外投资者在中国A股市场持有市值的比例近10年来一直徘徊在2%～4%，远远低于其他发展中国家。这与我国金融衍生品市场面临的困难和国际投资者基本无法参与现有的股指和国债等的衍生品交易（少数QFII除外）有直接关系。MSCI近期的国际机构调研显示，缺乏衍生品交易工具严重限制了国际投资者参与中国股票市场的能力。MSCI表示，未来提高中国A股纳入权重或将以境外投资者能够参与境内（或境外）中国相关的金融衍生品市场交易为必要条件。虽然境外机构持债规模占我国债券总量的比重已经达到2.4%[①]，但境外投资者同样无法参与我国国债期货交易。

国内金融衍生品市场自身的发展困境

2010年，国内股指期货市场诞生，只有短短不到10年的历史。在2015年股市异常波动之后，股指期货市场的作用遭到质疑，股指期货交易受到严格限制，至今影响犹在。2015年金融衍生品受限以后的市场波动反复证明，过度限制金融衍生品交易的措施既不能改变市场方向，也不能减少市场波动，反而造成了市场风险暴露增加、投资者参与度降低、资本市场融资功能下降等问题，这种状况在2016—2019年尤其明显。此外，我国国债期货市场直到2013年才推出第一只合约，直到2020年2月，国内银行和保险机构才获准参与国债期货的交易。目前，我国国债期货市场活跃度还十分有限，与中国全球第二大债券市场的地位极不相称。2019年12月，准备多年的沪深300股指期权终于成功上市，但囿于市场过热的担心，交易规模一直被严格控制。

客观地看，在我国推动共建"一带一路"、促进更大规模市场开放的大局下，中国金融衍生品市场发展水平已经远远落后于我国资本市场整

---

① 根据人民银行2020年6月底的数据，中国债券市场余额为108万亿元人民币，位居世界第二。共有近900家境外法人机构进入银行间债券市场，覆盖全球60多个国家和地区，持有人民币债券规模约2.6万亿元。境外机构持债规模占我国债券总量的比重为2.4%，持有国债规模占比达9%。

体发展和国际化的步伐。这不仅不利于中国参与全球资本竞争，也与中国进一步对外开放的发展战略极不匹配。以发展的眼光看待并解决金融衍生品市场发展过程中出现的各种问题，促进市场健康稳定发展才是与时俱进的明智之举。

中国金融衍生品市场国际化的意义

我们反复强调，大国竞争无不以强化资本市场建设、建立全球资本竞争优势为要务，而一个健全和开放的金融衍生品市场是建立全球资本竞争优势的一个重要组成部分。21世纪以来，兼并重组浪潮席卷全球衍生品交易所。美国洲际交易所（ICE）和芝加哥商业交易所（CME）通过兼并收购，迅速跃升为全球领先的衍生品交易所集团，这在客观上强化了美国在全球衍生品市场上的主导地位，也提高了美国在全球资本竞争中竞争优势，与之相比，中国近年来金融衍生品市场的发展相对放慢。因此，决策者应该站在大国崛起和全球资本竞争的高度，充分认识我国金融衍生品市场加快发展和国际化的意义。

其一，金融衍生品市场国际化是促进国际资本参与中国资本市场，提高中国全球资本竞争优势的必要条件。对中国而言，要想获得全球资本竞争优势，就要尽最大可能地使境外投资者参与我国的股票和债券市场。国际资本是有限的，国际资本参与越多就意味着我国利用的国际资源越多，意味着经济实力相对越强。因此，完善我国资本市场制度，必须把提高国际资本参与度作为重要的政策考量。而金融衍生品市场的国际化为国际投资者参与中国资本市场提供了风险管理工具，可以使跨国资本更安全放心地长期投资我国市场。因此，金融衍生品国际化与提高国际资本在中国资本市场的参与度直接相关。

其二，金融衍生品国际化可以在一定程度上减少短期资本跨境流动，对人民币汇率市场稳定有积极的意义。股票指数期货、国债期货、利率期货、汇率期货等金融衍生品的国际化可以为国际投资者提供有效的风险管理工具，有助于其长期持有中国证券金融资产。国际国内经济基本面和政策面的变化无时不在影响着市场估值和市场信心，金融衍生品的风险对冲功能可以使国际投资者在不出卖股票或债券的情况下，减轻股票或债券市场大幅下挫的风险。在市场大幅上升后，国际投资者也可以通过金融衍生品适时锁定收益，减少不必要的获利回吐。这对稳定短期国际资本流动有极大的好处，对减少人民币短期汇率波动的压力有所帮助。

其三，金融衍生品市场国际化对人民币国际化意义重大。海外人民币存款余额增加、人民币作为贸易结算货币的规模、国际央行与我国央行签署的人民币互换协议的多寡等虽然重要，但都不是测量人民币国际化程度的实质性指标。人民币国际化最重要的评判标准是国际投资者持有中国金融资产的意愿和规模，也就是人民币作为国际投资货币和储备货币的规模。海外人民币可投资的市场有限，而国内资本市场规模巨大。海外人民币持有者规模的提高必须以国内资本市场开放为前提。从这个意义上讲，人民币国际化的实质是中国资本市场的开放，是使国际投资者更多地投资于中国资本市场。国际资本参与中国资本市场的规模越大，人民币国际化的程度就越高，中国作为经济大国的地位就越巩固。而金融衍生品市场的开放在吸引国际投资者方面有着不可或缺的作用，因此也对实现人民币国际化的终极目标有着强烈的支撑作用。

其四，金融衍生品市场国际化，在提升中国全球资本竞争优势的同时，可以提升中国的金融安全。一方面，作为风险管理工具，金融衍生品通常是国际和国内投资者管理市场和政策风险的首选交易工具。投资者管理风险能力的提高意味着市场相对平稳和国家整体金融安全水平的提高。另一方面，衍生品持仓和价格的变化是市场风险的风向标，体现着短期资本流动的方向。关注市场风险就要关注资本流动的方向和趋势，这是全球投资者和监管者的职业共性。虽然资本市场国际化必须在完善制度框架和循序渐进的基础上稳步推进，也必须对市场泡沫和跨国资本短期炒作高度警惕，但是将资本市场国际化程度提高和金融安全对立起来的观点是偏颇的[①]。

1997—1998年的亚洲金融危机中短期国际资本对新兴市场汇率和股票市场的破坏，充分证明对短期国际资本流动进行严格监管是绝对必要的。但对正常的短期国际资本流动采取限制甚至拒绝的态度是不可取的，因为短期资本和长期资本的逻辑在于短期资本彰显的是资本市场的流动性。流动性是资本市场的血液，是生命线，是国际资本长期持有他国金融资产的信心所系。限制短期国际资本的流动性，就不可能获得国际资本的长期承诺，国际资本大规模长期投资中国金融资产和人民币国际化的目标就会落空，而所谓的金融安全就只是一种自我安慰假象下事实上的不安全。

资本市场国际化并不必然使一国资本市场的系统性风险提高，美国、欧盟、日本和其他资本市场开放度较高的国家都证明了这一点。例如，国际资本参与美国资本市场，不仅受美国经济金融政策的影响，也在一定程度上对这些政策产生约束，这种交互影响有利于理性和稳健的经济金融政策的制定和实施。因此，一国的经济金融政策和监管措施必须兼顾国内外资本的长远利益。任何潜在的、直接或间接损害国际资本利益的政策，必然或快或慢地反映在资本流动的方向上。而决策者必须及时发现相关政策的影响，并在这些政策对本国资本市场和实体经济产生更大负面作用之前及时纠正，在政策的动态调节中稳定国际资本流动、提振资本市场信心、强化国家金融安全。

其五，商品期货市场的国际化为金融衍生品市场国际化创造了有利

[①] 参阅本书第四章《对国际交易者的监管和跨境市场风险防范》一文的讨论。

条件。作为全球最大的大宗商品进口国和国际贸易大国,中国亟须在全球大宗商品市场上获得相应的定价权和影响力。近年来,我国原油、铁矿石等7个商品期货相继实现了对外开放,商品期货国际化进程获得了实质性进展[①]。与商品期货市场开放争夺国际大宗商品定价权相比,金融衍生品市场的开放助推争夺的是国际资本本身。市场定价权是一种影响力的体现,而国际资本带来更直接的影响力,因为增量国际资本直接提高了我国资本市场融资规模,直接服务于中国的产业升级和技术创新,这也意味着更广阔的市场、更多的就业和增长。从这个意义上讲,金融衍生品市场国际化的意义更直接、更重大。

从全球资本竞争的宏观视角来看,金融衍生品市场国际化在加快国际资本深度参与、助推中国经济增长、实现人民币国际化等方面意义重大。随着我国衍生品市场"五位一体"[②]的监管体系在实践中不断成熟,目前市场监管能力和技术手段足以应对国际化可能带来的潜在风险。在严控违规交易和市场过热的同时,应该不忘初心,努力激发市场活力,发挥市场功能,并尽快启动金融衍生品市场的国际化进程,使之为资本市场进一步扩大开放,提升中国在全球资本竞争中的大国地位,保障中国在大国竞争中的金融安全发挥积极作用。

---

① 2018年3月26日,原油期货在上海期货交易所上海国际能源交易中心正式挂牌上市交易,成为中国第一个以期货特定品种的方式对境外交易者开放的期货产品。我国股指期货国际化的进程几经周折,至今仍在准备中。

② "五位一体"的监管体系指证监会、证监会派出机构、各期货交易所、期货业协会以及期货市场监控中心对期货市场的协同监管体系。

证券市场国际化倒逼交易机制优化[*]

2019年以来,中美经贸摩擦加剧、全球经济下行风险加大。在这样的背景下,中国资本市场进一步加大了改革和开放的力度,期望以此扩大资本市场规模,推动国内经济转型和科技进步,从而抵御外部负面因素对我国经济发展的影响。值得注意的是,沪港通、深港通北上A股交易规模不断扩大,成为国际投资者参与A股市场的重要交易通道。香港国际投行通过给各类机构投资者提供融资融券、指数互换、投资组合互换、场外期权等交易产品,极大地提高了A股市场的可交易性。这一方面凸显了香港证券市场和国际投行在交易机制、产品供给和服务能力等方面的优势,另一方面也暴露出内地市场在这些方面的严重缺陷,为我们敲响了警钟。

本文以沪港通、深港通北上A股交易的规模和产品服务为参照,分析了A股市场国际化对境内市场、证券行业和监管制度的影响及挑战,强调了优化我国证券市场交易机制的紧迫性,及其对提高证券市场产品供给与服务水平,改善投资者结构和促进证券市场更好服务实体经济的重要意义。

中国证券市场国际化的隐忧

2003年,中国证券市场以QFII为起点开始尝试对外开放,自2014年

---

[*] 本文成文于2019年下半年,市场数据均为2019年6月以前的数据,但本文关于沪港通、深港通的交易特征及其对内地市场交易机制形成的压力等问题的分析依然成立。

起沪港通和深港通相继启动。2018年，明晟指数（MSCI）公司开始了将中国A股纳入其发展中国家指数的进程。证券市场国际化的初衷是有序扩大本国资本市场的融资规模，改善我国资本市场投资者结构，借鉴国际市场先进的投资理念，使国际资本长期有效地服务于中国资本市场和实体经济。然而，近20年的证券市场国际化实践表明，虽然国际投资者在中国证券市场的参与度有所提高，但市场开放的成效还不尽理想。

第一，国际投资者在中国股市中所占的比例提高缓慢。在QFII制度不断优化，沪港通、深港通先后落地等的推动下，国际资本参与中国资本市场的规模有所提高，但总体规模仍然较低。截至2019年6月底，外资持有中国股票1.7万亿元人民币，仅占A股总市值的3.2%，占流通市值的3.8%[1]。这与印度（20%以上）、巴西（40%以上）等发展中大国的股票市场开放度相比还有很大的差距。

第二，从投资理念和投资者结构来看，虽然引入境外投资者对国内市场投资理念产生了积极影响，但对改变国内短期交易行为和高换手率的投资风格作用有限。近年来，国内私募基金不断兴起，机构投资者占比不断提高，但个人投资者在数量上和交易量上的占比仍然很高，机构化投资的总体水平仍然较低[2]。

第三，虽然近年来我国在完善QFII制度、放宽证券经营机构外资持股比例、允许境外机构成立独资私募投资基金等方面进行了诸多尝试，但在交易机制、产品供给和服务水平等方面与海外市场仍有较大差距。

---

[1] 数据来源：中证资本市场运行统计监测中心（中证监测）。

[2] 根据中证监测的数据，截至2019年7月末，自然人持股占流通市值的30%，专业金融机构仅占17%。2019年7月，自然人占股票市场交易量的76.6%，专业金融机构仅占18.5%。专业金融机构包括QFII、人民币合格境外机构投资者（RQFII）、各类资管产品（公募、私募、信托、专户、券商、保险、期货）、各类长期资金（企业年金、社保基金、保险、养老金）和券商自营等。

这导致长期以来国内券商难以为机构投资者提供高质量的产品和服务，而国际券商和投资机构虽然可以在境内开设机构，但也难以发挥其在海外市场的业务优势和服务能力，甚至难以和境内机构进行有效竞争。

沪深股通规模扩大折射出境内外交易机制的巨大差异

沪港通、深港通逐渐成为国际机构交易A股的重要通道

沪港通、深港通北上A股交易的部分简称"沪深股通"。沪深股通以其高效便捷的机制设计，使国际投资者能够直接在香港监管框架下，在基本不改变已有交易规则和习惯的情况下，顺利开展A股交易。相比之下，QFII/RQFII（以下简称QFII）虽然在额度审批[①]、投资范围和资金赎回等方面有所改善，但其在灵活性和运行效率上仍与沪深股通存在较大差距（尤其是在外汇、税务、赎回、交易监管、适应法律等方面）。目前，除了某些挂钩产品按规定使用QFII，或投资者需要交易不在沪深股通交易范围内的股票等情形之外，绝大多数国际投资者都倾向于通过沪深股通交易A股股票。由于沪深股通的替代效应，外资原有的QFII额度被大量闲置，QFII使用率持续下降。

统计数据显示，截至2019年4月底，QFII的总获批额度接近1.4万亿元人民币，而QFII资产净值总额（包括持有的各类资产和增值的部分）仅为0.83万亿元人民币，不到总额度的60%。从国际投资者持股情况来看，截至2019年6月底，国际投资者持有A股市值约为1.68万亿元人民币，其中沪深股通持股约为1万亿元，占60%，QFII持股占40%。而从交易量来看，沪深股通交易量为QFII的4倍多[②]。QFII以长期配置型基金

[①] 2019年9月10日，国家外汇管理局宣布，经国务院批准，国家外汇管理局决定取消QFII和RQFII投资额度限制，同时取消RQFII试点国家和地区限制。

[②] 数据来源：中证监测。

为主，交易不频繁，而沪深股通对配置型基金和交易型基金都很有吸引力，因此交易的活跃度远高于QFII。

沪深股通凸显香港国际投行的竞争优势

香港国际投行以其卓越的服务、管理和创新能力强化了沪深股通既有的效率和成本优势。国际投资者交易和管理A股市场风险敞口的需求是广泛而多样的，尤其是各类对冲基金的交易和投资需求。目前，国际投资者一般交易需求以外的增值服务主要是由国际投行的大宗经纪业务部门（Prime Broker，PB）通过提供融资融券、收益互换、指数连接等场外衍生品的交易及管理实现的。国际投资者通过国际投行进行A股交易，不仅是因为他们之间存在着广泛和长期的业务往来及信任基础，也是因为国际投行在资产规模、产品服务、衍生品交易和管理等方面的优势。

1. 国际投行可以提供各类融资型收益互换[①]

2019年6月底的数据显示，在沪深股通日均400亿~500亿元人民币[②]的交易量中以香港投行名义进行的交易约占70%[③]。这300多亿元的交易量主要是由香港投行为国际投资者（以各类对冲基金、量化投资基金，管理期货基金等）提供的各种场外衍生品交易而产生的，其中包括融资型资产组合互换（Portfolio Swap）、指数互换（Index Swap）、全收益互换（Total Return Swap）、权益凭证（P-Notes）和场外期权等产品。从持股

---

① 收益互换是最基本的PB资本中介服务之一。其主要内容包括：在ISDA主协议框架下，投行与客户签署互换协议，确定收益互换交易的标的（一只或一篮子股票、股票指数等）、规模、杠杆比例，以及融资、交易和结算成本等。之后投行根据客户的要求（或指令），以自己的名义进行相关的证券交易，以对冲互换协议形成的对客户的支付义务。客户承担互换协议规定的股票交易的盈亏并支付协议规定的融资、交易和结算等费用，而投行收取相关费用，基本不承担市场风险。
② 根据中证监测2019年6月底的数据，沪深股通2019年日均交易量为434亿元人民币。
③ 数据来自市场参与者对沪深股通交易量分布的估计。

规模来看，目前沪深股通投资者持有A股的规模约为1万亿元人民币，其中约30%的持股是在香港投行名下[①]。香港投行约3000亿元人民币的A股持仓基本上是为对冲上述客户的各类场外衍生品头寸而产生的。

除大型公募基金、保险、主权基金等以外，大多数国际投资者对国际投行提供的PB服务有较强的依赖性，原因在于：（1）香港融资成本较低（3%~4%），至少是内地市场融资成本的1/2，十分具有吸引力。（2）客户参与各种互换、凭证、期权等场外衍生品的交易对手为国际投行，权利义务关系明确，信用风险低。（3）投行PB能够提供所有交易、风控和结算等服务，对投资者来说既达到了交易投资的目的，又省去了交易、风控、合规等流程，节省了成本，可谓双赢。因此，即使不需要融资的投资者也可能通过PB的服务以减少运营和合规成本。（4）互换交易中，投行以自己的名义买卖股票，这对于客户而言有较好的私密性。

2. 融券和其他衍生品交易

香港的国际投行可以根据自己的沪深股通持股提供融券业务，以满足部分投资者T+0交易和对冲避险等需求。据估计，香港投行沪深股通持股中50%（约为人民币1500亿元）的股票可以用来做融券业务，实际融券余额可能在600亿~900亿元人民币区间[②]。相比之下，2019年6月底境内全市场年度累计融券卖出金额为1366亿元，融券余额仅为88亿元[③]。香港融券成本较低，一般为3%~6%，对投资者有较强的吸引力。

值得注意的是，香港国际投资者融券卖出A股的目的并非恶意做空，而是其为实现投资目标而采取的一种交易策略。调研过程中，受访机构否认存在利用融券投机性做空A股股票的裸卖空交易者。交易者通过

---

① 数据来自市场参与者对沪深股通持仓分布的估计。
② 该数据没有公开统计，根据券商调研，融券余额占投行总持股的20%~30%。
③ 数据来源：中证监测。

融券卖出，可以实现日内交易，量化对冲交易者可以对市场波动或估值偏差进行逆向交易，Alpha策略交易者可以对冲市场风险等。此外，香港投行也提供与A股有关的其他场外衍生品交易，包括指数期权和个股期权等，但目前这些交易的规模较小。

3. A股指数期货可能在香港上市

目前，香港证券市场A股交易生态圈中唯一缺失的是A股指数期货产品。不过业界盛传，港交所已经和MSCI达成指数授权协议，在中国证监会认可的情况下港交所随时可以上市MSCI中国A股指数期货。国际投资者对于在香港上市A股指数期货的需求和期望一向很高，MSCI也已将开放A股指数期货市场作为未来继续提高中国A股权重的前提条件。因此，未来香港获准上市MSCI中国A股指数期货可能只是时间问题。而一旦MSCI中国A股指数期货在香港上市，沪深股通的总体交易量将会进一步增加，国际投行提供给国际投资者的各类衍生品的种类和规模也会进一步增加。届时，香港作为A股离岸市场的地位将会更加稳固。

沪深股通折射出中国市场交易机制的严重缺陷

中国证券市场发展了近30年，从无到有取得了巨大的成就，但是与国际证券市场相比，仍然有很大差距。沪深港通北上交易的快速发展也进一步凸显了我国证券市场在交易机制、产品供给、服务水平等方面的不足，其中较为突出的问题如下[①]。

1. 融资融券交易极不匹配、成本过高

目前，中国融资融券市场还处于初级发展阶段。在这方面极为突出的问题是融券交易标的范围有限（最近有所扩大）、券源少、成本高，这令大多数有融券需求的交易者望而却步。2018年，我国全市场融券卖出

---

① 涉及交易机制的问题十分广泛，这里仅就与本文分析有关的交易机制部分进行讨论。

交易金额为1900亿元，仅为融资买入金额的2.5%；期末融券余额为68亿元，仅占融资余额的0.9%[①]，融券与融资业务规模相差悬殊。从成本角度来看，内地融资融券平均成本在7%以上，而香港则平均在3%～6%，差距明显。除券源少、环节多以外，造成融资融券成本高的另一个重要原因是市场流动性风险大，尤其是10%的涨跌停板制度对中小盘股票流动性的挤压。当股票快速涨停或跌停时，中介机构可能面临因无法对客户的融资融券头寸进行及时风险处置（平仓）的流动性风险，这直接导致两融风险溢价高居不下。

2. 场外衍生品市场发展缓慢

我国股票类场外衍生品业务试点始于2013年，总体来说，场外衍生品市场起步晚、规模小、发展缓慢、功能发挥有限。目前，场外衍生品业务主要包括场外期权和权益互换两大类，2018年场外期权监管新规出台后，场外衍生品呈现集中度不断提高、参与主体不断减少、标的集中、规模下降的趋势。2018年场外衍生品新增名义本金（交易规模）约为8772亿元人民币[②]，仅相当于证券市场两天的交易量。同年，沪深股通A股总交易额约为4.7万亿元[③]，按香港投行占其中70%的交易量计算，2018年香港投行沪深股通A股交易额约为3.3万亿元人民币。预计2019年沪深股通总交易额和香港投行的交易额都可能较2018年有更大增幅。如前所述，沪深股通中香港投行的交易量绝大多数是与国际投行为其客户提供的结构性场外衍生品有关。这说明香港国际投行为投资者提供的场外衍生品交易规模远远大于境内市场规模，这也从侧面凸显出我国场外衍生品市场落后的尴尬局面。

---

① 数据来源：中证监测。这个比例在2019年上半年基本没有改变。
② 数据来源：中国证券业协会。
③ 数据来源：中证监测。

3.股指期货市场功能弱化

自从2015年股票市场异常波动以来,股指期货市场交易受到严格限制。虽然过去一年来部分限制措施逐步放宽,但限制过严的局面依然存在。目前3只股指期货产品日均交易量为30余万手[①],仅是2015年初的十分之一。目前,沪深300指数日均期现货交易名义金额之比平均不到0.7倍,远低于标普500指数(4.8倍)、恒生指数(7.9倍)和日经225指数(3.5倍)等的期现货交易名义金额的倍数[②]。从市场深度的角度来看,沪深300股指期货5档行情平均报单量仅为20~30手,是2015年初的十五分之一。相比之下,标普500迷你指数期货的5档行情平均报单量在750手以上。由此可见,现行的交易限制措施严重影响了机构投资者参与股指期货市场的效率,限制了股指期货市场功能的发挥,制约了场外衍生品市场的发展,进而也阻碍了中国证券市场效率、规模和竞争力的快速提升。

4.对证券市场机制的理解过于保守和狭隘

上述交易机制落后和产品创新不足的问题与国内过于保守,甚至错误的市场理念有直接关系。例如,部分媒体、从业人士和公众只乐于看到股票市场上涨,但厌恶市场下跌,这导致监管取向对于融资买入和衍生品多头交易容忍度高,而对融券卖出、股指期货空头交易容忍度低。股票市场价格下跌的现象经常被误认为是空头交易造成的,而对市场下跌的真正原因避而不谈。除套期保值以外的空头交易被普遍误认为是损害市场和投资者利益的不当投机行为;通过行政手段限制市场交易,进而限制股票价格波动的做法被误认为是保护市场、保护投资者的合理行为,等等。这些误解直接导致了监管机构和交易所被迫对融券业务、场

---

① 数据来源:中国金融期货交易所。

② 标普500指数、日经225指数和恒生指数的日均期现货交易额的倍数是基于2018年的数据计算的,不包括相关的场内期权交易。

外衍生品和场内衍生品交易采取了过于保守的态度和过于严苛的交易限制，因而对市场结构、规模和均衡产生了较大影响。

沪深股通交易规模扩大对境内市场的影响

对QFII和RQFII的影响

QFII制度是发展中国家普遍采用的市场准入制度。这个制度一般从严到松，逐步演变成注册制，即只要投资者满足合规要求，即可通过注册参与市场交易；取消额度审批，资金自由进出；国际投资者接受与境内机构一致的监管。目前，中国已经取消了QFII额度的审批，QFII交易范围的进一步扩宽也指日可待，但是QFII投资者在利润汇回、税务清账流程，以及由于交易机制的约束在境内获得高质量产品和服务等方面仍然存在很多不足。而沪深股通为国际投资者在交易的便捷性、资金使用效率、产品多样性、外汇管理和投行服务等方面提供了更好的体验。这使国际投资者仍然普遍倾向于利用沪深港通而非QFII交易A股股票，这一趋势已经引起了监管层的高度重视。

对境内投资者的影响

如前所述，沪深港通双向市场开放强化了香港市场的竞争优势，也凸显了境内证券市场的竞争劣势。香港股票市场的交易效率和成本优势必然对境内投资者产生吸引力。这很可能导致部分境内资金通过正规或非正规渠道流入香港，再通过沪深股通方式开展A股市场交易。绕道香港交易A股既降低了交易成本，又规避了境内市场的监管。当然，在目前严格的资本管制条件下，境内资本取道香港交易A股（俗称"假外资"）还是比较困难的，也不普遍。不过，这个趋势值得高度关注，它所折射出的境内市场交易机制和服务水平的问题必须予以及时的应对。

对境内证券行业的影响

证券经纪行业是中国资本市场的重要组成部分，是连接投资者和证券交易市场的纽带，也是证券市场服务实体经济的抓手。沪深股通的顺利发展，客观上使境内证券经纪机构失去了通过服务国际投资者强化自身产品和服务能力的重要契机。不仅如此，落后的交易机制也限制了境内券商进行产品创新和服务境内投资机构的能力和效果。虽然多数大型境内券商都在香港建立了分支机构，但是它们大多难以和实力强大的国际投行进行竞争。目前，香港中资券商主要业务集中在IPO和对部分港资、中资机构及个人的一般经纪业务上，在衍生品交易、服务和管理等方面规模较小、实力较弱。

对市场监管的挑战

香港A股交易市场的发展使境内监管机构面临两难的境地。一方面，沪深港通是中国资本市场开放的重要机制，在中国股票市场对外开放中发挥着重要作用；另一方面，在不同的监管体系下，境内监管机构对A股市场的总体监管职能被一定程度地弱化。尤其是海外投资者通过香港的券商、投行等中介机构的综合账户进入市场所产生的交易（日均约为300亿元），由于其参与者较多、产品种类复杂、特征各异、相互对冲，并可能与券商的自营及风险管理交易混合在一起，了解起来十分复杂。由于香港券商没有向中国证监会进行交易报告的义务[1]，这使内地监管机构无法及时掌握沪深股通交易的详细情况和其对境内市场的潜在影响。即使有所了解，也囿于法律和监管制度的差异，难以实施实质性监管。

---

[1] 香港证券机构的各类场外衍生品交易（各类互换和场外期权等）都必须每日向香港金融管理局（HKMA）管理下的香港交易资料储存库（HKTR）报告。如果机构持有的全部场外衍生品名义金额在3000万美元以下，则豁免报告要求。

对境内市场结构完整性的影响

香港A股交易市场的发展虽然可以提高境内证券市场的开放度,但对境内股票市场本身,对证券机构的国际化及业务发展来说却可能是一个潜在的竞争关系。境内资本市场越开放,国际投资者越倾向于通过香港间接交易A股,直接参与沪深市场交易的也就相应越来越少,这势必会对境内市场结构的完整性带来较大影响。香港市场多渠道、多产品、多功能的A股交易越丰富,对内地市场在交易、定价和风险管理等方面的影响也就越大。

沪深股通A股日均交易量占A股全市场的交易量的比重已经从2017年的1.1%、2018年的2.8%提高到2019年的3.7%(上半年平均值)[①]。随着A股在MSCI和富时(FTSE)等国际指数中的权重不断提高,沪深股通成交比例可能会快速提高。此外,沪深股通每日近440亿元人民币的交易额已经相当于香港股票市场日均交易额的1/3[②],其对香港证券市场的重要性必然会日益提高。这个趋势对香港证券市场的好处是不言而喻的,而对境内证券市场发展和国际化进程的长远影响可能是喜忧参半。

优化交易机制和提升服务水平

中国资本市场的不断开放凸显了国际资本市场在交易机制、产品供给和服务等方面的优势,也为我们敲响了警钟。证券市场交易机制的落后是造成我国券商服务效率低、经营能力差、国际竞争力弱的重要原因之一。为此,除了继续优化QFII/RQFII投资者准入机制以外,我们有必要从交易理念和监管实践上进一步解放思想,积极探索和推进我国证券市场交易机制的优化。

---

① 数据来源:中证监测。

② 根据中证监测,2019年上半年香港累计日均成交金额为700亿港元(单边),沪深股通2019年上半年日均交易额为434亿元人民币(双边)。

充分认识均衡交易的重要性

一般来说,重大经济金融政策的改变往往直接影响投资者预期和资本流向,进而对市场价格水平产生影响,因此决策者有必要充分理解、洞悉这些政策与市场走向和价格水平变化的内在逻辑与趋势。市场组织者的职责是维护市场公平、有序、高效和均衡地运行,并让市场尽可能地反映真实的价格水平。也就是说,市场组织者应该把注意力、发力点放到维护市场的公平、有序、高效和均衡上,而不是单纯的市场价格水平和市场涨跌上。

因此,交易机制优化的目标应该是使股票和场内衍生品得到充分的交易,买方和卖方的利益得到同等的关注和保护,并由此形成买卖双方均能接受的、合理均衡的价格水平。过度限制价格波动、限制交易或以各种直接、间接的方式鼓励做多、限制做空都是对市场公正、有序、高效和均衡交易的干扰和破坏。因此,我们必须重新审视目前各项交易机制中对做空交易的限制。充分而高效的期货、现货市场中的多空交易不仅可以充分释放市场风险,也能够使我们发现更接近真实价值的市场价格。而充分交易形成的市场价格,无论高低,都比在行政干预和限制下产生的价格更具有均衡性和稳定性。

充分认识空头交易的必要性

长期以来,少数媒体、业界人士和公众,对资本市场的做空机制持有怀疑,甚至敌对的态度。这实际上是缺乏对证券市场交易机制客观认识的表现。在生活中,只要交易双方有意愿,对价格认可,买卖即可成交。欺诈和犯罪等行为另当别论,买卖双方是平等的,没有尊卑善恶之分,资本市场上的多空交易也是如此。融券卖空以及利用各种场内或场外衍生品进行的空头交易,与各种多头交易是一一对应的,对于形成均衡稳定的市场价格、丰富交易产品供给、改善市场结构、扩大资本市场融资规模有着十分积极的意义，应该予以充分的肯定。

我们可以从以下几个方面认识做空机制的重要性：（1）只有充分的多空博弈才能产生更真实的市场价格；（2）空头交易和持仓是投资者对其多头头寸进行风险管理的重要机制；（3）空头交易是抑制市场过热、泡沫产生或个别股票估值过高的重要制衡机制；（4）空头交易有助于尽早发现、暴露个股风险（包括财务欺诈、经营风险等），是市场发挥优胜劣汰功能的重要机制；（5）衍生品的多空交易机制使证券经营机构、资产管理机构能够进行产品创新，为投资者提供定制化服务和稳健的投资回报；（6）投资产品的丰富有助于吸引各类风险偏好的投资者进入资本市场，扩大资本市场的总体规模；（7）衍生品多空交易带来的产品供给和机构服务水平的提高，可以极大促进A股市场生态从散户投资向机构化投资的转型。

交易机制优化应以服务机构投资者为首要目标

以发展融资融券和各种场内外金融衍生品为主的交易机制优化应当以更好地服务机构和专业投资者为首要目标。尤其是权益类场外衍生品，由于其品种繁多、形式复杂、风险管理难度较高，依据国际市场经验，这类产品的使用者主要是机构投资者。场内和场外衍生品的灵活运用，使机构投资者（尤其是实力较强的持牌机构）可以进行有效的风险管理，机构投资者也可以由此设计合成各类结构性、连接性、市场中性、量化对冲等投资产品，进而丰富资本市场的产品供给，提升机构投资者的投资能力和业绩回报。机构投资者投资能力的提高和资产管理规模的扩大也间接为广大散户投资者提供了更加多元化的投资渠道，提升了其对散户投资者的综合服务能力和水平。当然，监管机构也必须加强对证券投资机构场外金融衍生品交易的监管，包括严格的投资者适当性要求、产品和客户的集中度限制、风险管理制度和能力的审查、交易报告的及时性和准确性等。

交易机制优化的若干建议

由于交易机制的问题涉及面极广,无法面面俱到。根据本文的讨论,我们至少可以从以下几个方面进行尝试。

1. 放宽中小盘股10%的涨跌停板制度

在T+0交易短期难以实现的情况下,放宽中小盘股的涨跌停板有助于提高股票现货市场的流动性以及价格发现和风险缓释的效率,对减少投机和操纵也有积极的作用。在这方面,科创板已经做了积极的尝试,值得推广。相对于大型蓝筹股,中小盘股票有明显的高波动性和低流动性的特点,尤其是在某些信息披露或某些市场事件发生时,由于流动性不足,相关中小盘股票的价格可能在极短的时间内和极少交易量的情况下跳升或下跌10%,触发涨停或跌停,并造成大量涨跌停以外的报单无法成交。这实际上限制了股票的流动性和股票的价格发现功能,妨碍了市场风险的及时释放,从而造成市场风险的累积、爆发和蔓延等严重后果。这个现象在2015年股市异常波动期间极为突出,教训极其惨重。

2. 提高融券业务的便利性并降低交易成本

融资融券交易是十分成熟的交易机制,是证券公司的基础业务之一,也是各类交易策略、投资产品赖以存在和发展的基础性制度。我国证券市场融资易、融券难的问题与融资融券的机制设计和对证券市场交易机制的误解有关。融券交易的效率和成本问题也被长期忽视。因此,我们有必要重新审视并优化现有的融券交易机制,使融券渠道多元化,减少不必要的中间环节,降低融券成本,提高交易效率。最近证监会出台了《公开募集证券投资基金参与转融通证券出借业务指引(试行)》;上证所等发布了《科创板转融通证券出借和转融券业务实施细则》,尝试扩大融券标的、扩大券源和提高融券业务开展方面的灵活性。科创板两融成效显著,值得肯定和推广。

3. 恢复股指期货常态化交易并尽早实现对外开放

标准化的场内指数期货、期权是证券市场的基础交易制度之一。股票市场和场外衍生品市场的发展在很大程度上依赖于一个交易机制合理、流动性高的场内衍生品市场。因为证券机构通过为客户提供场外衍生品而形成的风险头寸（包括融资融券、收益互换、场外期权等），主要是通过流动性高、交易成本低的场内衍生品市场进行对冲和管理，而各类资产管理人直接通过交易场内衍生品进行交易管理和风险对冲也是极为普遍和有效的手段。我们必须认识到，场内衍生品市场的发展是中国证券市场整体发展水平和国际竞争力提高的基础。缺乏场内衍生品市场的证券市场必然在市场流动性、价格发现、风险管理、产品创新、服务能力等方面存在严重不足，这有碍于证券市场的国际化及其服务实体经济能力的提高。

4. 积极发展场外金融衍生品业务

以场外期权、各类互换、结构性投资产品为代表的场外衍生品交易是金融机构（尤其是证券公司）产品创新能力、交易能力、服务能力、风险管理能力的集中体现，也是其服务机构投资者、扩大市场机构化水平、提高社会融资规模，进而服务实体经济的重要抓手。2018年，美国股权类场外衍生品的年末持仓规模是其股票市场总市值的10%，这一比例在欧洲约为20%[1]，而我国2018年末股权类场外衍生品持仓仅为我国股票市值的0.8%[2]，亟待进一步发展。国际上大型投行和资产管理公司提供的很多投资产品经常是通过场外衍生品组合为客户量身定做的，而投行

---

[1] 根据国际清算银行（BIS）2018年的统计数据，美国权益类场外衍生品年末未平仓名义本金为2.93万亿美元，欧洲市场为2.02万亿美元。2018年底，美国和欧洲（德国、法国、英国）股票总市值分别为30.4万亿美元和9.1万亿美元。

[2] 根据证券业协会数据，2018年中国场外衍生品市场年末未平仓名义本金为0.35万亿元人民币。2018年底我国股票总市值为43.5万亿元人民币。

提供产品服务后形成的风险头寸一部分也经常通过投行之间，或投行与其他客户之间的场外衍生品交易进行风险对冲。场外衍生品交易已经成为现代证券投资市场必不可少的组成部分。

总而言之，沪深股通使A股在香港市场的可交易性大大提高，同时也映射出境内市场机制建设中的严重缺陷，突出了境内证券市场交易机制优化的迫切性。但是境内交易机制优化的目的并不是针对香港市场，而是为了提升我国证券市场的总体规模和服务水平，是为了提高我国在全球资本竞争中的竞争力，是为了促进证券市场更好地服务于国民经济的高质量发展，也是为了确保在扩大开放的前提下中国证券市场监管的有效性、完整性和安全性。从这个角度出发，决策者有必要在交易理念和监管实践上进一步解放思想，积极探索和推进证券市场交易机制的优化，为资本市场进一步扩大开放创造有利条件。

国际股指期货离岸市场的因与果[*]

2014年11月17日沪港通正式启动之后,新加坡交易所富时A50股指期货交易量成倍增长,这引起了国内期货界和金融媒体对金融衍生品离岸市场的极大关注。目前,业界和大众媒体普遍对本国股指期货离岸市场的产生背景和作用不甚了解,对其在定价和流动性等方面对本土市场的影响心存戒惧,因此也对如何应对金融衍生品离岸市场的发展存在较大分歧。本文通过对巴西、印度和日本股指期货离岸市场发展成因和影响的比较研究,论证了离岸市场发展和存在的客观性及长期性,从国际投资者需求和本土市场积极应对离岸市场竞争的角度强调了金融衍生品市场国际化的必要性。

全球股指期货离岸市场产生的原因

交叉上市是指近年来全球交易所之间以竞争或合作的方式上市对方交易所金融衍生品的一种业务模式,相当于增加了一个本土标的的离岸市场。金融衍生产品交叉上市可以粗略划分为两类:(1)竞争性交叉上市,即境外交易所上市与本国相同或者类似的股指期货产品,并不需要通过双方协议或者得到各自监管机构的批准和授权;(2)合作性交叉上市,即境外交易所严格按照与境内交易所的协议和授权,上市本国交易所授权的股指期货产品。

---

[*] 本文完成于2014年底,执笔人为中国金融期货交易所沙石、布兰登、崔熹。

根据TABB集团2013年4月的统计，全球通过交易所授权交叉上市而形成的股指期货离岸市场产品共有35个，其中17款指数合约涉及新兴市场，新兴市场中巴西和印度分别是上市境外产品和跨境上市本土产品最多的国家。CME和欧洲期货交易所（Eurex）也上市了其他多个交易所的合约，同时它们也将其主要合约挂牌上市到其他交易所。金砖国家之间（除中国之外）的交叉上市也很普遍。合作性的交叉上市虽多，但活跃的很少，仅有3个产品（印度Nifty 50，挪威指数和标普500指数）2013年的交易量超过10万手。

另外，新加坡证券交易所（以下简称新交所，SGX）竞争性上市的日经225指数、摩根台指期货和富时A50股指期货都不是交易所之间合作的产物，但它们也都形成了较为活跃的离岸市场。离岸市场产生的主要原因如下。

国际投资者跨境交易需求

随着经济全球化及发展中国家经济和资本市场的逐渐开放，欧美和其他发达市场的投资者对参与具有高成长性的亚洲市场、东欧市场、拉美市场和南非市场投资交易的重视程度越来越高。在国际需求的带动下，国际投资者在发展中国家股票市场中的投资成为其全球投资组合的一个重要部分，同时对相关国家指数衍生品交易的需求也越来越大。国际投资者跨境投资和交易的需要是衍生品市场产品互挂的前提条件，从而形成了某国股指期货的离岸市场。

准入条件的差异性

离岸市场产生的另一个重要条件是国家之间和市场之间准入条件的差异性。两个国家之间准入条件的差异性提高了产品互挂的必要性。通过交叉上市形成离岸市场较成功的案例一般是双方至少有一方市场是相对封闭的，或准入成本很高，这使离岸交易所和投资者可以通过合约互挂满足其对本土市场产品的交易需求，同时规避了直接参与本土市场在准入差异和成本方面的不便。

市场开放度、监管、国际投资者交易习惯等差异

由于市场开放的过程存在差异，即使是十分开放的市场之间也在监管政策、税收、法律等方面存在较大差别。跨境上市较为成功的案例多为新兴市场的产品在资本市场高度开放、投资环境优越的发达国家市场上市，因为发达国家投资者更倾向于投资新兴市场。通过交叉上市发展中国家的指数产品，发达市场投资者规避了新兴市场的准入限制、较高的跨境交易成本和陌生的境外市场监管环境，而发达市场交易所也丰富了其产品线、提升了对其投资者的服务水平、获得了新的利益增长点。新兴市场交易所通过授权发达国家上市其产品，可以满足海外投资者需求，提高市场占有率、品牌影响力和经济利益，同时也促进了本国产品的交易规模和制度进步。

离岸市场案例分析

巴西案例——在CME上市的Ibovespa指数

作为与巴西期货交易所之间合作协议的一部分，CME于2011年9月上市交易巴西Ibovespa股指期货，同时巴西期货交易所也上市交易电子迷你标普500股指期货。但是在CME交易的Ibovespa股指期货合约自上市以来交易量极其平淡，2013年的成交量仅为5131手，与巴西交易所的Ibovespa股指期货1932万手的交易量相比，相差甚远。

CME作为Ibovespa的离岸市场并没有吸引足够的流动性，有以下几个重要的原因：第一，美国和巴西市场开放度都很高。CME和巴西交易所在2008年签订了委托路由协议，即美国/全球投资者可以通过CME的交易平台进行巴西交易所产品的交易，实现了市场互联互通机制。加之两国处于同一个时区且距离相近，投资者进行跨境开户、交易等较为便利且成本较低。第二，巴西Ibovespa股指期货市场在本地的流动性已经非常大，投资者在巴西交易的效率更高，所以美国投资者更愿意到巴西市场交易巴西指数合约（Ibovespa），而不是流动性差的交叉上市产品。第三，CME推介Ibovespa期指的力度不大。巴西交易所在推出标普500迷你股指期货时做了大量的市场推介并引入了做市商制度，因此取得了较好的效果。2013年，CME的标普500迷你指数合约在巴西交易所的交易量达到24万手。

印度案例——NSE Nifty 50指数

印度国内有两个相互竞争的股指期货产品：印度国家证券交易所（NSE）的Nifty 50股指期货和孟买证券交易所（BSE）的Sensex股指期货。虽然这两个指数在印度境外的9个交易所上市交易，但是只有在新交所交叉上市的Nifty 50股指期货获得成功，并形成了活跃的印度股指期货离岸市场。孟买证券交易所Sensex指数的知名度曾经远在Nifty 50指数之上。但Sensex股指期货在国外一直缺乏竞争力，孟买证券交易所也试图通过加入金砖国家交易所联盟的方式尝试让Sensex合约在海外上市，但该举措未奏效。因此，Sensex指数的国际知名度近年来被Nifty 50指数反超。

2000年，印度国家交易所在推出Nifty 50股指期货几个月后，就授权新交所上市了该指数的海外合约。在新交所上市的Nifty 50合约一直到2007年都不太活跃，在印度NSE上市的Nifty 50股指期货独领风骚。但是2007年，印度监管当局增加了对境外机构投资者交易境内衍生品的报告要求，引起境外投资者的反弹。此时，新交所将交叉上市的Nifty 50合约面值缩小了五分之一，并引入了做市商制度，由此促进了新交所Nifty 50合约活跃度的提升。

此外，印度对衍生品征收交易税和所得税，绝大部分参与本土交易的国际投资者都通过避税天堂规避印度本土税收。对于境外投资者的避税行为，2012年印度政府开始加大了其对境外机构投资者通过避税天堂毛里求斯参与印度交易的认证。加之近年来印度卢比波动加剧，所以境外投资者更加倾向于交易新交所的Nifty 50合约，而在印度NSE上市的Nifty 50合约的交易量有所下降。即使如此，2013年外资在印度NSE的Nifty 50股指期货交易中的参与度仍达到12%[①]。

图1表明，NSE的Nifty 50股指期货合约交易量远超新交所同类产品。2013年，其交易量约为新交所同类产品的4.5倍，占市场总份额的82%。按照可比交易金额计算，NSE占市场总份额的63%，而新交所占37%。

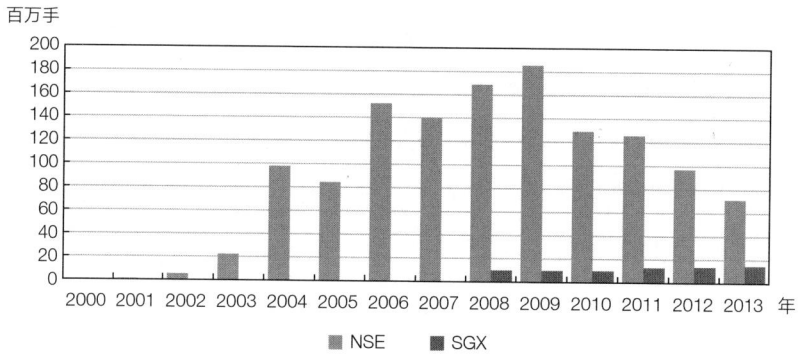

图1　在SGX和印度NSE上市的Nifty 50股指期货交易量比较

（数据来源：路透）

值得注意的是，在认识到印度市场缺乏国际竞争优势的情况下，印度NSE从一开始便主动建立其指数的离岸市场，因为如果不这样做的话，那么无论是国内竞争对手孟买证券交易所，还是国际竞争对手MSCI，都可能授权新交所或其他交易所上市以印度股票指数为基础资产的股指期货。所以，在印度NSE主动授权建立Nifty 50股指期货离岸市场的前提下，新交所Nifty 50交易量的增长被认为是Nifty 50股指期货全球增

---

① 2019年这一比例提升至20%左右。

长的一部分。印度NSE并不认为新交所的Nifty 50股指期货交易会对本土相同产品交易造成威胁。印度NSE通过其合作伙伴——新交所，将其境内股指期货市场扩展至境外，服务境外投资者，不仅获得了经济利益、品牌效应和市场占有率，也提高了印度国家交易所的全球影响力。

日本案例——日经225指数

新加坡证券交易所获得指数授权，抢先于1986年上市日经225股指期货。日本大阪证券交易所积极应对，于1988年上市了本土日经225股指期货，并获得了极大的成功。1990年，CME也上市了日经225股指期货。日经225指数是由日本经济新闻社编制，并由其主导海外授权。

20世纪90年代初，日本经济陷入衰退，股市低迷，日经225股指期货也在日本受到各种非议，并被认为是日本股市持续下跌的直接原因。因此，监管机构在股指期货交易结算机制等方面施加了各种限制，致使本土日经225股指期货交易量在1992年之后严重萎缩并长期停滞。这给在新交所上市的日经225股指期货带来很大的发展空间，并使其取得了稳固的市场地位（见图2）。

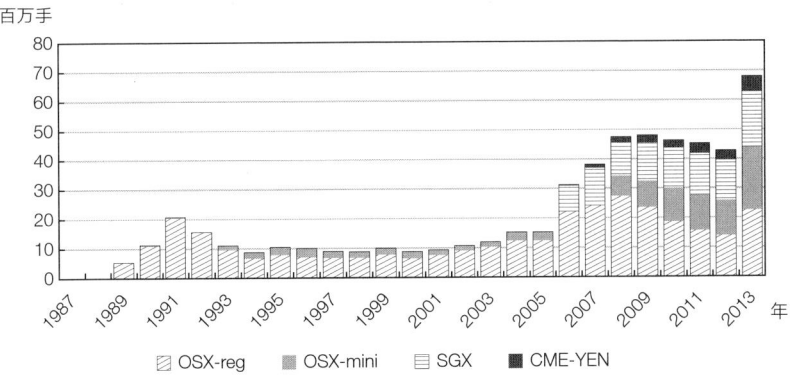

图2　大阪交易所、SGX和CME日经225股指期货交易量比较

注：合约规模调整至与大阪日经225标准合约一致。

（数据来源：路透）

2013年，在大阪证券交易所上市的日经225股指期货的交易量（包括其2006年上市的日经225迷你股指期货）占全球市场的88%。按可比交易金额计算，2013年本土股指期货的市场占有率为63%，新交所的日经255股指期货的市场占有率为27%，在CME上市的日经指数合约仅占10%。在同时区的新加坡交易所上市的日经指数合约明显比跨时区的CME成功得多。

日本的案例表明，第一，本土市场占有明显优势。即使在新交所抢先上市的情况下，大阪的日经225股指期货推出后立即受到境内外投资者热捧，完全压倒了离岸市场。但是日本20世纪90年代初对股指期货的妖魔化及提高保证金、提高佣金、推行交易税等各种限制措施，成为日经指数离岸市场快速发展的重要原因。但1994年以后，这些限制措施被不断纠正，本土市场得以逐步恢复。

第二，日本虽然是一个开放度很高的市场，但是营商成本一直很高，税收制度和衍生品交易制度等也不及国际发达市场完善。尽管如此本土日经指数还是吸引了大量的境外投资者。据日本权威人士称，参与交易大阪日经225指数的境外投资达60%，这其中大部分是做市商，他们可以在境外同时交易大阪证券交易所、新交所和CME的日经225股指期货。但日本同行表示，日本本土投资者参与新加坡交易的情况极其少见（少数套利者除外）。

第三，虽然是竞争性交叉上市的结果，但日经指数在新加坡和美国的上市，使其成为日本股票指数的全球基准，并形成了围绕该指数的全球投资者生态圈，这个生态圈促进了日本证券和期货市场的国际化程度。同时，跨境套利交易提高了日本本土和境外市场的活跃度，并形成了境内外市场长期并存的市场格局。

跨境市场发展的案例比较

第一，从各个案例中在岸和离岸市场长期的成交量以及成交金额来看，在岸市场处于市场总量的主导地位。虽然离岸市场的存在对本土市场产生了一定的竞争效应（尤其是竞争性交叉上市），但并没有充分的证据显示本土市场投资者被严重分流到离岸市场。同时离岸市场的存在，也没有影响境外投资者参与境内市场交易的积极性。日本、印度的本土市场，都有大量的境外投资者参与。

第二，印度和日本的离岸市场虽然不具有主导地位，但也占有相当可观的市场份额。按交易金额计算，2013年，离岸市场占印度和日本市场的比重均为37%。这表明，无论成因如何，离岸市场一旦建立起来并有一定的流动性后是很难撼动的。在这一点上印度的做法是较为明智的，与其让境外交易所通过竞争性方式建立离岸市场，不如主动建立本土产品的离岸市场，NSE选择了与新交所合作，将本土产品海外拓展的主动权掌握在自己的手中，同时提高了Nifty 50指数和NSE的影响力。

第三，不同产品离岸市场的发展具体原因各异，但也有很多类似之处，都与本土市场开放的进程较慢、限制较多、成本较高有关。日本监管机构在20世纪90年代初对股指期货的打压使海外投资者对离岸市场产生了路径依赖，日本股指期货离岸市场得以发展。印度也是一样，成本、税收、政策限制、汇率波动成为境外投资者参与离岸市场的重要原因。各个案例的成交量、成交金额份额比较如表1所示。

表1　　　　各个案例的成交量及成交金额份额比较

国家	2013年成交量（百万手）			2013年成交金额（万亿美元）		
	在岸	离岸	离岸份额（%）	在岸	离岸	离岸份额（%）
巴西	19.32	0.005	0.03	1.29	0.0003	0.02
印度	71.85	15.36	18	0.33	0.195	37
日本	238.5	52.3	18	6.67	3.98	37

数据来源：路透。

国际衍生品离岸市场发展的经验和教训

离岸市场一般不对本土市场流动性构成威胁

上述比较研究证明,离岸市场的主要目标是服务国际投资者,对本土市场流动性的影响比较小,也不会威胁本土市场在国际上的主导地位。同样,也没有任何一个离岸市场的案例说明本土市场的交易者成为了离岸市场交易的重要组成部分。本土市场交易者虽然可能参与部分离岸市场交易(如套利),但必然主要在本土市场参与交易,其原因如下。

第一,市场转换成本高。对本土市场投资者来说,参与离岸市场的转换成本以及其他市场障碍比较高。一般性的转换成本包括市场调研成本,法律及监管成本,找寻合格经纪商、开立境外账户及资金划转技术连接的成本和效率等一系列问题。本土投资者交易境外股指期货还必然涉及外汇的转换,承担由此产生的换汇成本和外汇敞口风险。所以,如果本土市场可以有效满足本土投资者的交易需求,那么,本土投资者一般不会也没有必要花费大量的成本和精力去境外交易同样的指数产品。

第二,离岸市场流动性成本高。流动性成本是本土投资者考虑成本时较为重要的一部分。以上案例均证明,本土市场股指期货的流动性一般要远远好于离岸市场,这意味着本土投资者如在离岸市场交易将面临更高的流动性成本,从而降低了离岸市场对本土投资者的吸引力。进一步分析表明,离岸交易所为活跃离岸市场产品的流动性,通常会选择缩小合约规模,扩大交易价差,引进做市商机制等。这些措施可以活跃离岸市场,但也实际上进一步提高了流动性成本,对本土投资者来说是十分不合算的。

就中国而言,无论是我们的大宗商品期货还是股指期货,市场规模均已达到了相当高的水平，但是主要大宗商品市场的定价权还在国外，国内投资者有一定交易海外同种商品期货的需求（如LME的有色金属，CME的大豆、黄金和原油期货等），虽然中国商品期货市场的准出开放有令人担心的地方，但是积极的准入开放对扩大本土市场的国际影响力是极其有利的。中国的股指期货市场是中国特有的，并且已经拥有了全球领先的市场规模和竞争力，所以中国股指期货市场双向开放和离岸市场的存在（如新交所的富时A50股指期货）都动摇不了本土市场的主导地位[1]。离岸市场的存在和发展不会对中国股指期货市场造成实质性的负面影响，同时离岸市场造成本土市场流动性流失的可能性是极小的并且是可控的。

中国投资者参与海外期货交易的调研结果也表明，中国投资者95%的出境资金都投向大宗商品期货和其他国内没有的境外活跃产品。国内客户资金在境外参与新交所富时A50股指期货的不到总额的5%。新交所关于富时A50交易者结构的反馈，也证实了这一点，即90%的富时A50交易者为境外机构投资者，中国投资者参与的极少。而这些极少数的中资交易者并非是要放弃国内沪深300股指期货的交易，而是因为部分资金已经在境外，或有意进行跨市套利交易。

离岸市场存在的客观性

本文第一部分简述了离岸市场产生的原因，海外投资者需求、准入条件的差异、交易习惯和地域差异都为离岸市场和交叉上市产品的发展提供了基础。这里我们进一步阐述离岸市场存在的客观性。

第一，本土股票市场率先开放，衍生品市场发展和开放严重滞后是离岸市场得以发展的重要原因之一。日本的股票市场早在20世纪80年

---

[1] 2014年底，中国沪深300股指期货的日均交易量达100万手左右，市场流动性、市场深度和交易成本远优于新交所富时A50股指期货。

代初就已经开放了，而日经225股指期货推出是在1988年，晚于新交所2年。中国股票市场自2003年QFII制度推出以来开放度不断提高，境内股指期货市场虽然发展得很快很好，但金融期货市场并没有实现开放（除少量QFII），从而使新交所富时A50股指期货得以发展。股票和衍生品市场的非同步发展和开放，造成海外投资者参与本土市场衍生品交易的需求无法有效在境内市场满足，从而催生了离岸市场的发展。

认识这一点的同时，也应该认识到一个国家衍生品市场的开放政策是由各国经济和资本市场发展阶段的客观条件决定的，是不能预设和强迫的。股票市场和衍生品市场的非同步开放是由很多客观原因造成的，由此而产生的离岸衍生品市场也是这些客观现实导致的客观结果。

第二，境内外市场差异存在的长期性。即使本土市场有了一定开放度，也不一定能动摇离岸市场存在的客观性。例如，日本、印度的市场都有了一定的开放度，而且开放度目前都比中国要高，但也没有将离岸市场的国际投资者全部吸引至本土市场，离岸市场依然有发展的空间。这里我们想强调在岸市场和离岸市场差异存在的长期性，这不仅是政策上的（准入、税收、交易制度等）差异，也有历史、文化、法律、语言和地域等因素影响。这种差异，即使在本土资本市场开放之后，也会长期存在，并成为离岸市场持续存在和发展的必要条件。

在国际投资者眼中，除了交易制度的差异外，新兴市场国家市场在政策和法律上有较多的不确定性。这种不确定性的改变一般不是短期能够实现的。这是国际投资者愿意尽可能在比较确定的法律和监管环境下进行交易活动的重要原因，也是国际投资者对离岸市场逐渐形成路径依赖的原因，要改变国际投资者的交易习惯并非易事。此外，欧美监管机构对新兴市场国家的交易所和产品带有歧视性的产品认证、交易所认证和经纪机构认证等跨境监管要求也在一定程度上影响了一些国际投资者在本土市场的交易意愿或可行性。

所以，从离岸市场历史成因和离岸、在岸市场差异存在的长期性中，我们得出离岸市场的存在有其客观必然性。它的存在和发展是多种因素共同作用的结果。由此我们也得出离岸市场的存在具有长期性的结论。

本土市场和离岸市场的竞争性共存关系

除了本文提到的交叉上市产品，股指期货领域众多交叉上市的产品都是不成功的，即离岸市场未能吸引足够的交易量，这说明这些产品的离岸市场存在的条件不成熟。但是，某些产品离岸市场一旦形成一定的市场规模，就有可能持续存在，并与本土市场形成竞争性共存的关系。

第一，在岸和离岸市场将长期共存。日本的开放程度已经较高，境外投资者可以几乎没有限制地交易日本本土股指期货，日本本土市场也有相当多的境外投资者，日本指数市场外资参与度高达60%，但这并没有影响新加坡离岸市场的存在和发展。虽然每个市场和产品都有不同的成因，但是它们都使境外投资者对离岸市场形成了较强的路径依赖，这是离岸市场长期存在的重要原因。

事实上，印度和日本的在岸市场和离岸市场已经达到了一个动态平衡。如果没有重大的政策失误，一个市场的增长通常会带动另一个市场的同步增长。澳大利亚学术研究表明[1]，在岸和离岸市场之间，如果一个市场交易量有所提高，另一个市场上的交易量也有类似的提高。此外，跨市套利的交易机会的存在，尤其是做市商在两个市场进行的跨市套利交易，也使得本土市场和离岸市场形成了围绕该指数的现货期货交易生态圈。离岸市场和本土市场在相互竞争中共生共赢并相互促进的关系将是一个常态。

---

[1] Alex Frino, Frederick H.deB. Harris, Andrew Lepone, Jin Boon Wong, The relationship between satellite and home market volumes: Evidence from cross-listed Singapore futures contracts, 2012.

第二，在岸市场和离岸市场之间存在竞争关系。对于竞争性交叉上市而形成的离岸市场，由于在岸交易所和离岸交易所的利益是冲突的，它们之间的相互竞争就更加激烈。在市场开放程度类似的前提下，交易成本和税收制度可能对本土投资者的交易行为影响较小，但会对境外投资者在在岸市场和离岸市场的选择上产生极大的影响。日本和印度在这方面反应的十分突出。另外，离岸交易所比较高效的交易制度、较长的交易时间、税收上的优势都对本土交易所形成压力，这也迫使本土交易所通过延长交易时间、降低保证金和手续费等方式应对离岸市场的竞争。这种竞争往往使本土交易所比较被动，但也迫使本土交易所加强自身市场的创新，提高效率和竞争力，以保持对境内外投资者的吸引力。

对于合作型的交叉上市而言，交易所之间的竞争性会大大降低。离岸市场和在岸市场虽然都希望流动性增加，双方交易所之间有竞争但不对立。印度NSE和新交所之间的合作性交叉上市就是一个典型的例子。此外，在合作性交叉上市中，合作双方可以通过授权机制，对离岸市场的合约设计、保证金水平、交易费用、交易时间、收益分配、监管协作、授权终止等进行事先约定，从而减少不必要的竞争，实现共赢。

对中国而言，我们的金融衍生品市场目前的开放程度仍然较低。虽然QFII可以参与沪深300股指期货，但由于限制较多，QFII参与有限。随着我国股票市场开放程度的不断提高，境外投资者交易A股指数衍生品的需求也会不断增加，这意味着离岸市场规模可能会不断扩大。如果未来我国股指期货市场逐渐开放，境外投资者参与中国市场股指期货交易的比例肯定会有较大的提升。但是，离岸A股股指期货的市场规模可能不仅不会缩小，还会跟着水涨船高。目前，中国股指期货衍生品的离岸市场以新交所的富时A50股指期货为主。未来如果港交所上市MSCI与A股指数期货，国际投资者在离岸市场交易与A股有关的衍生品规模可能大大提高。这必然对中国金融衍生品市场提出更高的挑战，即国内交易所必须全方位优化交易机制,与离岸交易所展开竞争,以最大限度地扩大国际投资者的参与。

第三,对离岸市场的客观评价。就股指期货产品而言,离岸市场的发展和竞争经常令本土市场感到不安和不满。但是通过本文对国际案例的比较分析,我们认为离岸市场虽然具有竞争性,但并没有充分的证据显示离岸市场对本土市场产生了破坏性的影响。相反,离岸市场在本土衍生品市场开放度不高、制度差异较大的情况下,为海外投资者提供了交易便利和风险管理工具,有利于境外投资者更好地参与本土股票市场的交易。另外,离岸股指期货市场规模一般来说会远远小于本土市场,分流本土市场流动性的情况并不显著,也不构成严重的威胁。离岸市场对本土资本市场的价格形成也并无明显的负面作用。

离岸市场对在岸市场的威胁经常被夸大。巴林银行倒闭事件经常被拿来证明离岸市场的破坏作用。有观点认为巴林银行事件虽然是由交易员尼克里森违规交易和巴林银行内控缺失所致,但新交所为了竞争而放松了监管,也负有一定的责任。这个案例并不能证明离岸市场对本土市场的破坏性,它恰好说明了双方交易所必须建立良好的沟通机制以避免类似情况的发生,但这种沟通对于相互竞争的交易所来说并非易事。

离岸市场比较研究的结论和启示

通过上述离岸市场存在的原因和国际股指期货跨境上市的案例分析,我们认为应对离岸市场的存在有一个比较客观的判断:(1)离岸市场成因是本土市场开放度较低或本土市场资本市场的发展过程、法律体系、交易机制和成本与境外市场有很大差别。其存在是客观的和长期的。这决定了离岸市场一旦形成一定的规模,就有可能长期存在,并与本土市场有竞争地长期共存。(2)离岸市场一般规模会远远小于境内市场,没有明显的迹象表明离岸市场的发展抑制了本土市场的开放,或对本土市场的流动性和定价权产生实质性的负面影响。

在现有市场开放度较低的情况下，我们无法阻止境外市场的存在和发展。离岸市场实际上在一定程度上满足了境外投资者交易A股股指期货和风险管理的需要。新加坡交易所富时A50股指期货的存在对我国金融衍生品市场来说是一种竞争，但却无法撼动中国股指期货市场的主导地位。

面对客观存在且不断发展的离岸市场，我们可以从以下几个方面来努力：（1）努力推进我国股指期货市场的对外开放。同时进一步优化交易机制和制度，使境外投资者参与境内交易成本更低、效率更高。国内期货市场的开放程度和效率的提升是交易所在全球竞争中占据主动的最核心要素。（2）可以尝试通过合作性交叉上市等业务模式与境外交易所开展跨境合作，主动参与离岸市场的竞争，扩大我国产品的品牌效应和监管影响力。（3）时机成熟时，可以通过在境外设立代表处、市场服务平台等，扩大我国交易所产品的全球销售、交易和服务网络，进一步提升对国际投资者的服务水平。

附表：

附表1　　Ibovespa股指期货合约主要规格比较

项目	巴西Ibovespa指数	CME Ibovespa指数
标的	Ibovespa指数	Ibovespa指数
乘数	3巴西雷亚尔	1美元
最小变动价位	5点	5点（5美元）
交易时间	圣保罗时间9:00~17:55 到期日：17点	开始时间：巴西开市后15分钟 结束时间：芝加哥时间16:15
结算价格	巴西期货交易所Bovespa现货市场交易最后3小时的算术平均值，数据每30秒钟获取一次	与巴西同种合约的价格完全相同
价格限制	前一天结算价格的±10%	巴西期货交易所合约前一天结算价格的±10%

第三章 金融衍生品市场国际化的意义

附表2 Nifty 50股指期货合约主要规格比较

项目	印度国家证券交易所Nifty 50指数	新交所Nifty 50指数
标的	印度Nifty 50指数	印度Nifty 50指数
乘数	50卢比	2美元
最小变动价位	不适用	0.5个指数点（1美元）
交易时间	不适用	T时段：新加坡时间9:00~18:15 T+1时段：19:15~2:00
结算价格	印度Nifty 50指数的官方收盘价	印度Nifty 50指数官方收盘价
价格限制	不适用	前一结算价±10%、±15%和±20%。超过10%、15%和20%阈值后设有5分钟冷却期。20%之后没有价格限制
头寸限制	不适用	25000份净多头或净空头合约

附表3 日经255股指期货合约规格比较

| 项目 | 大阪证券交易所 | | 新交所 | CME | |
	标准	迷你		美元	日元
标的	日经225指数		日经225指数	日经225指数	
乘数	1000日元	100日元	500日元	5美元	500日元
最小变动价位	10日元	1日元	直接：5个指数点（2500日元），策略：1个指数点（500日元）	直接：5个指数点（2500日元）	直接：5个指数点（2500日元）
交易时间	9:00~15:15 16:30~3:00		T时段：7:45~14:30 T+1时段：15:00~2:00	前一天17:00至当天16:15	
最终结算价格	最后交易日之后交易日开盘时的日经225指数特别报价		最后交易日之后交易日开盘时的日经225指数特别报价	最后交易日之后交易日开盘时的日经225指数特别报价	
价格限制	前一结算价±8%、±12%和±16%。在超过限值时会促发交易暂停至少30秒钟		指数低于7000点：±1000点，指数介于7000~10000，±1500点，指数高于10000点：±2000点	参考价格的8%、12%和16%	
头寸限制	不适用		10000净多头或净空头合约	5000份合约	

外汇期货市场的必要性 *

20世纪70年代初,美元与黄金挂钩,而其他协议国货币与美元挂钩的布雷顿森林体系难以为继,固定汇率制度处于瓦解边缘。这意味着原本受到固定汇率制度保护的经济体将要面临汇率浮动所必然带来的汇率风险。而在伦敦、苏黎世以及纽约等货币银行中心,传统的场外外汇远期市场并不能够有效保护投资者免受汇率风险。

正是意识到上述问题,时任芝加哥商品交易所理事长的利奥·梅拉梅德(Leo Melamed)特意邀请诺贝尔经济学奖获得者米尔顿·弗里德曼(Milton Friedman)撰写了《外汇期货市场的必要性》一文,专门阐述了外汇期货市场对采取开放性、浮动汇率制度的国家的必要性与益处,以及在此类国家中建立外汇期货市场可行性。文章也强调了外汇期货市场必须包容各类交易主体以达到预期的市场功能。在中国不断推动人民币国际化的当下,我们对2011年CATO期刊再版的弗里德曼这篇经典文献进行了重新翻译,再一次突出强调金融衍生品市场(包括外汇期货市场)的重要性。

---

* Milton Friedman, The Need of Futures Markets in Currencies, Cato Journal, 2011 (31), 沙石、康达译,2014 年。

1971年，芝加哥商品交易所董事长利奥·梅拉梅德向交易所董事会提议推出外汇期货。董事会没有通过这个提议，给出的理由如下：（1）当时期货市场主要是农产品期货交易的市场；（2）董事会认为律师出身的梅拉梅德难以透彻理解金融期货合约的运行机制；（3）即便这个想法是可行的，这个合约也应在纽约的大型交易所推出，而不是在芝加哥一个并不知名的交易所。CME当时名声不佳，通常被称为"黄油和鸡蛋"交易所。不过，梅拉梅德先生没有放弃。他坚信随着英国、德国、日本等国经济实力的不断增强和通信技术的快速发展，第二次世界大战后建立的以美元固定汇率为基础的布雷顿森林体系即将瓦解；各国经济基本面、市场供给和需求的变化将决定各自货币对美元的汇率水平。梅拉梅德认为这必然对外汇交易产生巨大需求，而且外汇期货也一定能够成为期货交易所的一个成功产品。为了获得CME董事会的支持，梅拉梅德需要一个经济学领域权威学者的认可，他于是找到了久负盛名的货币学派代表人物，芝加哥大学经济学教授米尔顿·弗里德曼。1971年11月13日，梅拉梅德和CME总裁哈里斯（E.B. Harris）在纽约华尔道夫酒店与弗里德曼教授见面并共进午餐。梅拉梅德关于建立外汇期货市场的设想立刻得到了弗里德曼教授的赞同，并认为这是一个奇妙的设想，CME绝对应该这么做。当梅拉梅德询问外汇是否适合在期货市场交易时，弗里德曼教授回答称"我没有想到任何不合适的理由"。兴奋和感激的同时，梅拉梅德指出弗里德曼教授若能撰文把外汇期货的可行性系统阐述一下，将会让更多人信服。弗里德曼教授欣然同意并撰写了《外汇期货市场的必要性》一文，该文也成为金融期货市场的经典名篇。1971年12月20日，梅拉梅德召开记者招待会宣布了一个新的交易所——国际货币市场（IMM）——的诞生。1972年5月16日，IMM正式开始挂牌交易外汇期货。梅拉梅德的倡议获得了巨大成功，并开启了期货市场革命性的转变。

布雷顿森林体系是以美元和黄金为基础的金汇兑本位制货币体系，美元与国际货币基金组织制定的黄金官价挂钩，世界各国央行则使本国货币与美元挂钩并将汇率波动幅度控制在法定汇率上下1%以内。在实践中，各国央行会进一步缩减汇率波动幅度，一般仅为法定汇率±5‰或±7.5‰。只要各国央行能将汇率波动牢牢地控制在上述范围内，以美元为基础的固定汇率制度就稳如泰山。在此背景下，外贸商面临的汇率波动风险微弱的可以忽略不计。但是即便如此，资本雄厚、经验丰富的大型贸易商仍然有很强的意愿利用外汇远期合约来对冲潜在的汇率风险。它们通过购入外汇远期合约来匹配外贸合约到期时的外币偿付义务，并通过卖出远期合约避免应收货款受到汇率波动的影响。此类远期交易服务的提供者以大型商业银行为主，而交易对手往往是参与远期市场的外国央行。

但是，市场对于维持固定汇率的信心会间歇性地减弱，每当发生这种情况时，都会导致现货市场和期货市场出现大规模资金流动。由于汇率的变动方向可以被准确预测，一旦汇率发生变化，资金将呈单向流动态势，并只会被大型中央银行通过现货市场和期货市场吸收。

上述现象最近一次发生是在1971年春天，当时德国马克面临较大的升值压力。同时，受时任美国总统尼克松于当年8月15日提出的"新经济政策"影响，日元的升值压力也逐渐高涨。为了维持马克汇率稳定，德国央行累计购买了价值超过50亿美元的货币工具，但最终还是放弃了马克的固定汇率；同时期，日本央行为抑制日元升值付出了比德国更高的代价，但仍以失败告终。在允许汇率自由浮动之后，德国马克和日元立即升值5%以上，并在随后保持了持续升值状态。

在布雷顿森林体系支持者设想的严格固定汇率制度下，仅靠各国央行和大型商业银行即可满足货币市场的避险需求，不一定需要特地设立兼具广度与弹性的公开期货市场。但现实运行中的布雷顿森林体系却并不能完全实现汇率波动的绝对固定，汇率不时出现的剧烈波动。在此情况下，外贸商和投资者需要富有深度、广度与弹性的货币期货市场，以对冲汇率间歇式剧变带来的风险。但上述市场却几乎不可能生存，因为在大多数情况下该市场所能发挥的作用十分有限，而当经济需要这个市场发挥作用时，又会出现明显的"单边投机"现象。

活跃货币期货市场的发展契机

美国于1968年初开始实行的"黄金双价制"，宣告了布雷顿森林体系的正式终结，而尼克松1971年8月15日宣布关闭黄金兑换窗口则让世界更深刻地体会到了这一点。现阶段，任何人都不能准确预测国际汇率体系的未来走向——美元本位制是否仍将在全球范围内畅行无阻；是否会出现替代性的国际标准；国际货币基金组织将发挥何种作用；10国集团协议确定的汇率格局能否维持下去，能否进一步扩展以涵盖更多国家等。但是下列问题的答案已经十分清晰。

首先，即使中央银行继续确立官方汇率，其浮动空间也将进一步扩大。在近期签订的协议中，汇率浮动范围已从±1%提升至±2.25%。这反映了各界已经普遍接受了灵活的汇率制度，并将其认定为防范汇率危机频发的重要手段之一。

其次，官方汇率将更富有弹性，以在承压时及时作出调整，使汇率能更灵敏地反映货币市场的变化。而过渡性浮动也将成为汇率阶段性浮动的主要手段。

1971年春，德国央行为制止德国马克浮动，累计支付了5亿美元的成本，但其努力仅持续了两周即宣告失败。而且上述成本还是基于德国央行仅须购买50亿美元的货币工具且马克仅有10%的升值压力的假设。同理，日本央行也为推迟日元升值两周付出了有过之而无不及的代价。前车之鉴，后事之师。很难相信还会有任何一家中央银行愿意以如此惨痛的代价换取汇率的一时稳定。

目前，过渡性浮动措施已获得了广泛认可。1970年中，几乎所有的美国银行家都无法预料国际市场在一年后将会发生剧变——德国马克、荷兰盾、加拿大元和日元相继采用浮动汇率制，而现在市场对此已经并不感到惊讶了。

一个健全的外汇期货市场的必要性

无论国际金融环境如何发展，以下两项变化都将激起市场对覆盖面广、交易活跃、富有弹性的外汇期货市场的巨大需求。对外贸易一般以薄利多销为宗旨，而±2.25%的汇率浮动可能使外贸商应收货款遭受±4.5%的浮动，这大大提升了对外贸易盈利情况的不确定性。如果一笔交易涉及多种外币（除美元以外），汇率风险则将进一步加大。例如，一笔同时涉及德国马克和英镑的交易，由于两种货币都维持兑换美元的±2.25%浮动空间，两种货币间的交叉汇率浮动空间将高达±4.5%（英镑在浮动空间上限，德国马克在下限，反之亦然）。此外，不定期出现的过渡性浮动也进一步加大了外贸商的汇兑风险。

只有建立期货市场，为外贸商提供合适的避险工具，才能保护其不受汇率风险的严重影响。目前，伦敦、苏黎世和纽约都已设立了此类期货市场，但以上三个市场无论在广度、深度还是弹性方面，都还远不能满足市场的需要。

外贸商开展的避险交易是期货市场的重要组成部分，但是只有避险交易的外汇期货市场是不存在的。即便远期合约的购买量与卖出量相同，外汇收支长期保持平衡，也不能保证短时期内的外汇收支和每一外汇币种的收支都能保持平衡。因此，除了套期保值者外，市场还需要投机商来承担未平仓合约带来的市场风险。投机活动的发展可以使市场价格的波动趋于平稳，有效减轻大规模贸易活动对市场的冲击，有利于期货市场的完善。而投机交易越活跃，交易量就越大，外贸商与外汇投资者进行避险操作就越容易，避险成本也会降低。

幸运的是，外汇期货市场吸引外贸商的特点也同样会吸引大量投机者。即便各国央行仍然坚持采用固定汇率制，但目前较大的汇率浮动空间，加之偶尔出现的过渡性浮动，都为投机者提供了更大、更持久的盈利机会，助长了期货市场的投机气氛。

浮动汇率制的不断深化将刺激市场避险需求与投机需求，注定使外汇期货市场的规模在不远的将来实现跨越式发展。问题是，外汇期货市场为什么设在伦敦、瑞士，而不是美国？

在美国设立外汇期货市场的设想

美国不仅具有设立外汇期货市场多项天然优势，而且是否能在境内设立该市场也关系着美国的国家利益。

美国设立外汇期货市场的天然优势主要包括以下几个方面：第一，美元无疑将继续成为各国央行的主要干预货币和国际贸易的主要结算货币；第二，汇率报价将继续以美元为基准货币；第三，美国拥有全球最大的流动性资本储备，可以有效地支持外汇期货市场的发展；第四，美国完备的法律制度与稳定的金融体系有助于吸引海外投资；第五，美国长期保持了自由、开放、公平的市场传统。

建立健全外汇期货市场将促进美国对外贸易和投资的发展，因此无论该市场设在哪里，都符合美国的国家利益。而在美国国内设立该市场比设在境外更符合美国的国家利益。

英国19世纪的实践证明，各类金融服务都能成为高利润的出口商品。欧洲美元市场的海外发展历程就值得我们引以为戒。欧洲美元市场的发展很大程度上得益于《美国联邦储备系统Q条例》的实施，该条例规定银行对于活期存款不得公开支付利息，对定期存款利率设定最高限额，并加强了对跨境借贷和投资的管控。该政策设定的存款利率上限不仅影响了美国货币政策的实施，也削弱了美国银行的吸储能力，严重打击了存款性金融机构的盈利能力。如果外汇期货市场设在境外，将进一步提升欧洲美元市场的规模。如果该市场设在美国境内，则不仅会提升金融业务出口的利润，也将鼓励各类国际金融业务流入美国，扩大、增强本土资本市场，逐步削减欧洲美元市场等海外市场的规模。

英国的相关实践表明，外贸领域的各项金融活动存在高度互补性。因此，在美国设立活跃的外汇期货市场将有利于在第三方国家之间进行贸易活动的企业进行套期保值，还能加深境外客户对美国资本市场的了解，培养其使用美国其他金融业务的意愿。

在美国设立活跃的外汇期货市场还有助于顺利实施货币政策：第一，其将缓解经济发展带来的各项问题，更重要的是，它能减轻欧洲美元市场波动对美国市场的影响，削弱欧洲美元市场的重要性；第二，美元始终是外汇投机和干预的主要货币，因此若在美国境外设立外汇期货期货市场，外汇投机活动的起伏变化会造成大量美元进出美国，而在美国境内设立外汇期货市场将减少美元的跨境流动，因为上述交易无须跨境实施，而只须在境内从一个账户流向另一个账户；第三，在美国设立外汇期货市场会促进国内货币市场的发展，进一步扩大其广度与深度，便于美联储公开市场操作的实施。

关于非稳定性投机问题

有一种反对建立外汇期货市场的意见认为：外汇期货市场仍会带来过度投机并加大市场的不稳定性，导致汇率大幅度动荡。反驳这种观点的三个理由如下。

第一，一个更加活跃和广阔的市场无论如何都会产生。而该市场设在美国境内并不会额外增加市场的不稳定性。

第二，目前汇率的变化主要受外汇现货交易影响，而非期货交易，而且期货市场对现货市场没有直接影响。如果一个完全独立的期货市场的全部合约都用美元结算，就不会涉及外汇交割，该市场也因此不会影响外汇现货的供求关系，从而避免对即期汇率的走势产生直接影响。期货市场与现货市场因少数采用现货交割的结算方式而存在的联系并不影响期货市场与现货市场的基本关系。毕竟，除非期货交易的参与者有持有特定外汇的需要，否则也不会有人愿意接受现货交割。因此，期货市场与现货市场的联系仅会导致部分本应在现货市场达成的交易转变为现货交割的期货交易。只要期货市场存在并发挥其套期保值功能，传统国际贸易规模不断扩大，外汇期货必定有稳定汇率市场的功能。此外，期货市场的发展还将促使投机者不断调节所持外汇现货的种类与数量，以从期货市场与现货市场的差价中获利。而这在绝大部分情况下，也能间接地增加外汇现货市场的稳定性。仅当期货市场在某种情况下导致投机者大幅变更外汇现货的持有量时，才有可能导致市场过度波动。

值得注意的是，一般只有投机者追涨杀跌的投机行为才会引起汇率不稳。即当价格上涨时，投机者买入并持有现货头寸，并当价格下跌时，投机者卖出现货头寸。在上述情况下，投机交易将增大汇率波动幅度，但同时这也会令投机者蒙受损失。因此，认为投机行为会引发市场动荡的观点，等同于认为投机者整体上是只赔不赚的。这种观点自然难以让人信服，但即使这种观点成立，投机者的损失也将成为其他交易者的收益。

第三，近年来大量实际案例研究表明，投机行为具有稳定汇率、降低汇率波动幅度的特点。其中最具代表性的是分析加拿大实施浮动汇率制的案例研究。加拿大从1950年到1962年实施浮动汇率制，而后从1970年又重新恢复实施此制度。浮动汇率制实施数年后，加拿大中央银行已几乎不再干预外汇市场。加拿大汇率保持了高度的稳定性，没有出现任何汇率投机交易反对者们所担心的异常情况。更重要的是，针对汇率具体波动形态的研究与前述分析一样，得出了汇率波动模式并不能使汇率投机行为在扣除交易成本后，仍有系统性盈利可能的结论，这点进一步证明了投机行为具有稳定汇率的作用。

结 论

综上所述，国际金融体系的结构性变化将有力地刺激避险需求。因此，为了尽可能提供有利于发展对外贸易和投资的环境，满足各类市场需求，应加紧建设兼具深度、广度和弹性的外汇期货市场。而这一市场的形成和发展是不以人的意志为转移的，问题的关键在于市场应设在哪里。美国有设立外汇期货市场的多项天然优势，并且在美国境内设立该市场也符合美国的国家利益。该期货市场的壮大将带动美国其他金融活动的发展，一方面通过出口金融业务创收，另一方面缓解在货币政策实施过程中产生的各类问题。

金融衍生品的
本质

THE ESSENCE OF
FINANCIAL DERIVATIVES

第四章

金融衍生品市场国际化的相关问题

对国际交易者的监管和跨境市场风险防范

在扩大资本市场对外开放的过程中,能否实现对国际投资者和跨境市场风险看得清和管得住,是决策者必须直面的重要问题。境内媒体对资本市场开放后的风险防范仍然心存较大疑虑。人们对1998年亚洲金融危机中国际对冲基金对亚洲市场造成重创记忆犹新,担心个别国际投资者可能趁机操纵中国市场,担心市场开放后国际市场风险传导至中国,以及国际资本大进大出可能对我国资本市场、人民币汇率和中国经济造成重大影响。

但是,自亚洲金融危机以来,我国的证券市场规模快速扩大,已经稳居全球第二位;证券市场监管制度,虽然仍有待进一步优化,但也已经形成了一套完整的监管体系;历经多次市场波动,我国证券市场承受风险和抵御风险的能力已经得到极大的提高。需要强调的是,跨境市场风险传导主要不取决于资本市场的开放度,而是与实体经济的国际化程度高度相关。市场监管者应从容应对正常的跨境市场风险传导、外资流出等现象,也有必要采取强制干预措施以应对境外势力对中国资本市场的恶意攻击行为。我们可以从以下几个方面分析跨境风险防范的问题。

市场开放的监管困惑:能否看得清、管得住?

穿透式监管基本可以对国际投资者全方位监测

我国现行的"一户一码"穿透式监管可能是目前世界上最严格、透明的监管制度。境内外交易者在这一监管框架下的交易持仓行为不仅有极高的透明度，而且交易者在境内跨市场交易的详细信息也可以得到及时整合。我国证券市场的穿透式账户体系为有效监管奠定了基础。

从国际投资者的几种参与模式来看，其一，QFII、RQFII和银行业债券市场（CIBM）境外投资者参与中国证券市场交易活动历来都备受重视。资质审批、备案、开户、交易、结算、托管、税务、赎回等各个环节均在境内完成，透明度极高、合规监管十分严格。其二，期货市场特定品种对外开放过程中，除在中国境内直接开户交易的境外交易者按"一户一码"原则执行以外，通过境外中介综合账户进入我国期货市场的交易者也必须通过境内经纪机构向期货市场监控中心提供客户信息并获得独立交易编码。这就在制度上确立了国际交易者与境内交易者的市场透明度一致。其三，债券通的机制安排是穿透式的，由香港金管局向中央国债登记结算公司通报国际交易者（机构或产品）及其日常交易和持仓相关信息。其四，2018年沪港通、深港通实施客户识别机制，对每一个北上交易客户按照标准格式编派一个券商客户编码，并向港交所和内地交易所提供客户的识别信息。当投资者提交北向交易买卖盘时，必须附加券商客户编码。这使沪港通、深港通的透明度得到显著提高。但是香港投行场主经纪商业务（PB）背后的投资者，交易规模较大，目前尚无法穿透。

对境外投资者违规违法交易行为的有效监管

第一，现行制度可以满足对境外交易者进行日常监管的及时性和有效性要求。除了沪深股通投资者的交易和结算发生在香港，境内交易所和监管机构对其违规行为采取监管措施有一定难度以外，QFII/RQFII、CIBM（外资准入）、期货市场特定品种等外资准入制度均是基于境外投资者直接入市交易的模式建立的。境内交易所和监管机构可以对终端交易者的交易行为和持仓规模进行实时监控，并对涉及违规交易的境外交易者或经纪机构采取问询、调查、警告、限期整改、限制交易权限等直接或间接的监管和处罚措施。

在期货特定品种对外开放模式中，绝大部分国际投资者通过境外中介机构间接参与我国境内期货市场交易。但由于终端交易者必须获得单独的交易编码，交易所仍然可以看穿每一个终端交易者的交易和持仓情况，并通过询问、警告、处罚、暂停交易、禁止入市等措施对境外违规交易进行监管。这些措施可以对潜在的境外违规违法交易产生足够的震慑力，基本满足了对境外交易者在适当性合规、日常交易监控和违法违规处置等方面的及时性和有效性要求。

第二，市场开放过程中个别国际交易者出现违规交易的情况（如幌骗、洗售等价格操纵行为）是不可避免的。一般来说，这类违规交易可能暂时扭曲个别股票或债券的价格，但对整体市场价格形成机制和结算体系稳定性的影响微乎其微。宽基股指期货和国债期货的交易规模大、参与者众多，被人为操纵的风险极低[①]。对于可能发生的跨境价格操纵的风险，我国现行的穿透式监管，以及各项通过规范中介机构，直接和间接地对违规交易者实施问询、警告、限制、停止交易等手段，基本可以将跨境违规违法交易风险降到最低并守住"看得清、管得住"的监管底线。因此，这类跨境违规交易的风险是可控的，并不影响市场扩大开放的大局。

第三，跨境执法客观上还存在较大困难，但这不是制约扩大对外开放的决定性因素。由于国际交易者身处境外，对其进行取证、问询和审理等涉及跨境监管执法合作，困难较多、耗时较长。不过这属于事后司法处置的问题，而违规行为本身和对市场的影响应该在第一时间得到及时有效的控制；违规投资者及其代理机构应该已经被境内监管机构或交易所处罚，甚至被禁止入市。跨境执法涉及不同国家和地区司法行政体

---

① 韩国KOSPI200股指期权市场曾经多次被操纵，其主要原因是指数成分股集中度过高、结算价计算时间过短和对关联账户监管不力等，不具有普遍性。全球主要市场的股指期货和期权被操纵的案例几乎没有。我国股指期货、国债期货价格被操纵的风险极低。

系、监管理念和其他政治经济因素，需要境内外监管机构充分协商、达成共识。建立及时有效的跨境执法机制是一个循序渐进的过程，不可能一蹴而就，但建立跨境执法机制并不是扩大市场开放的前提条件，跨境执法合作必须在扩大开放的实践中不断完善。

第四，在防范跨境违规违法交易方面，要高度重视国际投资者在适当性合规和反洗钱监管等方面的记录和实践。近年来，随着全球监管机构不断加强对适当性合规和反洗钱违规的监管和处罚力度，国际金融机构的合规成本提高，合规自律意识大大增强。由于国际投资者不仅面临本国监管机构多重监管，同时也受到投资目的国的监管，因此绝大多数国际金融机构都采取了全球统一从严的内部合规和风险监控机制。从这个意义上讲，大型国际金融机构和交易者更重视全球商誉，合规意识和监管配合的意愿较强，在中国投资交易的合规风险是基本可控的，而监管风险可能主要来自一些合规意识较差的小型金融机构和小型（或个人）交易者。因此，我们有必要在国际投资者入市审核时通过适当提高合规标准、准入门槛，通过协议、承诺等方式强化国际机构和交易者的自律合规意识，防患于未然。

正确理解跨境风险传导和市场联动

跨境市场风险防范是资本市场开放过程中监管者必须认真审视的问题。全球资本市场风险，无论大小轻重，无时不在发生着。防范跨境市场风险，不等于将这些风险拒之门外，否则资本市场开放就无从谈起。如何理解跨境市场风险防范？风险防范的目标是什么？

跨境风险传导与资本市场开放度并不直接相关

在全球经济高度融合和资本市场全球化的背景下，证券市场风险跨境传导是不可避免的。"与金融开放相比，来自经济基本面和市场情绪的影响对境内外股票市场联动关系的影响更为突出"①。也就是说，如果突发事件造成美国经济增长预期和公司盈利前景发生突然恶化，这必然会迅速影响其他国家投资者对本国经济基本面和市场预期的改变，进而使他们作出与美国投资者类似的市场反应，如减持股票等风险资产。而这种市场风险传导往往并不取决于一个国家资本市场开放度的高低，而更多取决于国家之间越来越强的经贸联系，以及由此产生的投资者一致性预期和交易行为。

2008年9~12月，美国次贷危机引发国际金融危机，美国标普500指数下跌29.6%。同期市场开放度极高的中国香港股市和日本股市基准指数跌幅均达32%，上证指数下跌24%②，跨境市场联动性十分明显。值得注意的是，当时我国的市场开放度是极低的，2007年底QFII投资占我国A股流通市值的比例为1.2%，2008年底QFII持有A股的市值为802亿元人民币，较2007年底下降了30%，主要是A股市场价格下跌造成的，QFII资金净流出并不明显。2008年A股流通市值下降51%，而QFII持有的A股市值占比却提高至1.8%。

这说明：（1）由于外生因素造成的国际资本市场跨境联动是不可避免的。无论一个国家资本市场开放与否，都将受到一定程度的跨境市场风险传导和市场联动的影响。（2）这种影响的程度与资本市场的开放度没有直接关系，而与实体经济的开放度更直接相关。经济开放度越高，投资者预期和交易行为的一致性越高，跨市场风险传导越强。（3）和欧洲、美洲、亚洲的经济大国一样，中国经济已经高度融入全球经济体系中，无论资本市场开放程度如何都不可能摆脱全球市场联动（尤其是欧美

---

① 中国金融期货交易所研发部课题组，郑凌云等：《开放背景下境内外资本市场运行联动及风险防范研究》，2019年12月。
② 上证指数从2008年初至8月底由于前期我国市场过热等内生性原因回调高达54%，外资流出并不明显，这是中国股市在2008年9~12月跌幅较窄的原因。

市场）的风险。从这个意义上讲，担心资本市场扩大开放可能导致更大的跨境市场风险是一种误解。承认与否，这个风险已经是客观存在的了，与是否扩大开放无关。

市场联动是全球市场风险上升时的市场正常反应

当全球市场大幅震荡或出现危机时，国际投资者一般会选择减持高风险资产，包括本国股票、高收益公司债券、发展中国家股票和债券等。避险需求使投资者迅速收缩全球投资布局、平衡全球投资损益、降低风险暴露、等待和寻找新的投资机会。因此，在全球市场危机中国际资本通常向本国回流避险。美元、日元等所谓"避险货币"一般会升值，而发展中国家的货币容易贬值，其证券市场会受到不同程度的冲击。当然，当国际市场风险爆发时，本国的证券投资者也同样会作出与国际投资者类似的调整，即他们会及时降低风险暴露，直到风险资产的价格水平充分反映了境内外市场急剧下降的风险偏好和全球市场风险对本国经济和金融市场的影响。

因此，我们必须接受这样一个事实：市场联动是全球市场风险上升时的市场正常反应，而不是国际投资者（或境内投资者）的恶意行为。除引发全球市场共振的金融危机外（如2008年国际金融危机），当局部突发事件造成市场冲击时，如美国"9·11"事件、2009年欧元区债券危机、英国脱欧公投等，也会对世界各国市场造成次生影响。外生性市场动荡造成国际资本回流的现象客观上会对发展中国家市场和汇率造成一定程度的影响，但是这种影响是可预期的，一般也是暂时的，这种市场联动的程度与各国市场基本面状况和政策应对的差异也有直接关系。一般来说，外部市场震荡对本国证券和汇率市场产生一定的联动影响是不可避免的，也是一国开放资本市场所必须接受的。政策制定者和市场监管机构必须根据情况采取相关缓释措施积极应对。

此次全球新冠肺炎疫情蔓延造成的全球市场动荡就是一个例证。2020年3月中下旬，由于外部市场的大幅调整，我国股市也相应受到较大的下行压力。2020年第一季度，QFII/RQFII和沪港通、深港通国际资本累计共卖出646亿元人民币（主要发生在3月），占外资2019年底持有A股市值的3.1%，占我国股票流通市值的0.13%。跨境流出的影响并不显著。截至3月底，外资占A股流通市值比例比从2019年底的4.3%下降至3.97%，但高于2019年6月底的3.6%[①]。由于我国市场估值偏低、基本面相对稳定，虽然面临少量外资减持的压力，但总体而言新冠肺炎疫情暴发后我国的市场波动比绝大多数国际市场要小。第一季度上证指数仅下跌10%，而欧美市场中，跌幅超过20%的市场比比皆是。这当然也与我国货币、财政政策的支持密切相关，而证券监管机构稳健应对的态度和措施也值得称道。

风险管理市场供给对稳定外资有积极作用

当外部市场冲击到来时，试图控制国际（包括国内）投资者重新估值和风险规避的行为是不现实的。直接阻止国际资本回流很可能造成更大的市场恐慌、信任危机，非万不得已不能轻易使用。此时，金融衍生品市场可以发挥积极作用，即如果国际投资者可以通过境内股指期货、国债期货和外汇期货等衍生品的交易，在境内市场进行有效的风险对冲，达到管理股票头寸和汇率风险的目的，这就会在一定程度上减轻因国际资本调整市场风险暴露而造成的资本大幅外流的压力和风险。

不仅如此，由于场内金融衍生品采用杠杆交易，进行股指、国债等的期货或期权交易所需要的资金仅是相同现货资产交易的1/10（股指）和1/15（国债）。另外，由于期货期权交易必定在全市场层面达到每日多空平衡、盈亏平衡，而市场开放后外资机构的交易策略也必然是多样的，出现外资持续大规模净多头或净空头的可能性极小。因此，由日常交易盈亏造成的外资进出也应该是基本平衡的。这意味着与金融衍生品交易有关的国

---

① 相关数据来源于中证监测。

际资本跨境流动不仅在总量上远远小于国际投资者参与股票或债券市场的资金规模，而且在日常交易或事件驱动的市场行情中，因衍生品交易盈亏本身而产生的国际资本净流入（或净流出）也应该是微不足道的。

因此，担心股指期货或国债期货市场开放可能造成境外资金大进大出的风险也是缺乏根据的。大部分境外机构参与股指期货、国债期货的目的是风险管理，一般会对冲部分现货风险，因此其盈亏最大也不会超过现货持仓。即使将来允许一般交易者参与，因为有持仓限额等限制，其本身对整体市场的冲击也是有限的。近年来QFII实践也是如此，即涉及股指期货交易盈亏的资金规模变化极小。我国原油期货对外开放过程中的国际资本流动证实了这一点。2020年3~4月国际原油市场剧烈动荡，国际资金呈现明显的净流入趋势，这说明近期国际投资者参与上期原油的规模有所增加，市场影响力有所提高。

跨境市场风险防范

毫无疑问，监管机构防范跨境市场风险的核心是确保境内资本市场的价格形成机制、交易结算体系能够承受来自境外资本市场（也包括境内市场）大幅波动的冲击，能够抵御境外投资者资金大进大出可能对市场价格机制和交易结算体系产生的破坏性影响。在扩大开放过程中，我们必须做好国际资本可能在国际市场发生动荡时部分流出、国内市场因此承压的思想准备，也必须认识到，在国际市场大幅波动中，一定比例的外资流出并不会危害市场交易机制和清算体系的安全。

主动应对通常情况下的跨境市场风险

跨境市场风险传导、资本市场联动是国际资本市场的典型特征。中国资本市场扩大开放必须主动面对这种风险，做好预研预判、及时发现潜在风险、努力减轻跨境风险传导对本国市场的影响。跨境风险管理的各项措施应以维护市场交易机制和结算体系安全稳定为要务，这包括宏观决策机构和监管机构采取适当的货币政策、汇率政策和财政政策，维持充足的股票和衍生品市场流动性以保护金融机构、清算体系的安全；在严厉打击市场操纵行为的同时，维护境内市场正常的交易秩序；尊重并尽量满足国际资本因配置调整和风险规避而进行的风险对冲、资产减持，乃至暂时撤资的需求。这些都是保护国际投资者有充分信心长期参与中国资本市场的关键。

极端行情下的跨境市场风险应对

当正常的危机应对措施无法稳定市场情绪，而国际资本大幅流出可能引发系统性风险时，如战争爆发导致全球市场陷入极度恐慌，或我国市场遭到外部势力有组织的恶意炒作和攻击导致人民币大幅贬值、外汇储备受到极大冲击并威胁整个金融体系安全时，决策机构必须采取强有力的干预措施维护市场秩序，如通过直接入场干预、临时外汇管制、暂时停市等措施，抗击恶意的市场攻击行为、严惩涉事机构、稳定市场情绪、保护境内金融体系的安全、避免系统性风险的发生，尽快恢复市场正常秩序。这是一个主权国家的权利和责任。当然，强制干预是应对极端跨境市场风险的终极手段，也是万不得已之举。

总之，对通过直接准入通道（QFII、CIBM、期货特定品种等）参与中国市场的国际投资者，现行的监管框架能够充分满足看得清、管得住的监管要求。对于通过沪港通、深港通进行的及部分通过大型国际投行主经纪商进行的北上交易（约占日均交易量的70%）尚须进一步落实及时的报告和监控机制。必须反复强调的是，跨境市场风险传导和不同程度的市场联动是开放市场的典型特征，这种风险是不可避免的，但却是可预期且暂时的，也是可以承受和有效管控的。在推进资本市场各项改革开放措施的同时，必须强化对境内外投资者的合规监管及日常交易行为监管，加大对境内外交易者违规违法交易行为的处罚力度，在全市场宣传和推行合规守法的最佳实践。同时，切实做好应对各种跨境市场风险防范的预案，守住不发生系统性金融风险的底线。

境外 AML/KYC 监管趋势和合规制度

对外开放过程中"看得清、管得住"的问题是一个综合性的问题，涉及面广。就"看得清"来说，有人对境外交易者的合规监管制度吃不透，缺乏信心，担心不法境外交易者可能通过分仓或利用资金和信息优势进行市场操纵等违规交易。本节就反洗钱（AML）和境外投资者适当性制度（KYC）领域的监管趋势、公司实践等问题进行了简要梳理和归纳，希望以此减轻境内市场参与者和监管机构对境外投资者参与中国境内期货市场（尤其是金融期货市场）交易的顾虑。

国际市场AML/KYC监管制度日趋严厉

自2008年国际金融危机爆发以来，全球金融监管当局（尤其是欧美），对金融机构AML/KYC的合规监管采取了更加严格和积极的态度。各地区的监管行动均有所增加，执法力度不断加强。执法范围从反洗钱的案件处理延伸到反洗钱内部控制的有效性，并有不断扩大的趋势。对反洗钱违规行为采取了更多的双罚制举措，即不仅针对违法行为当事人（公司），也要追究合规人员失职的个人责任。例如，2018年，美国货币监理署（OCC）和司法部（DOJ）以故意违反《银行保密法》（BSA）及反洗钱规则执行不力等罪名，对一家美资银行（U.S. Bank National Association）开出1.85亿美元的罚单。而该银行前首席风险合规负责人迈克尔·拉方田（Michael LaFontaine）也因失职和未能防止上述违法行为的发生，于2020年3月4日被美国财政部下属的金融犯罪执法局（FinCEN）

创纪录地罚款45万美元①。

监管者和监督机构反复宣传确保企业持续重视合规文化，强调金融机构合规部门应获得足够的授权以实施有效的风险管理计划，强调合规部门上报的问题应获得公司领导层的积极重视和解决，领导层必须为合规监管等部门提供充足的资源——不仅是员工人数，还应包括技术资源等。监管机构要求金融机构高级管理层必须了解与反洗钱和经济制裁相关的可疑交易报告（SAR）和风险警示数据，并利用这些数据推动决策；同时强调此举有助于企业保护自身利益，避免承担潜在的欺诈交易和监管风险。

国际金融机构AML/KYC监管压力增加

随着全球金融监管当局强化对金融机构的监管和处罚力度，各类金融机构，尤其是大型银行、投行、基金等，面临的合规监管压力日益增加。大型国际金融机构的合规意识明显增强，法律部门、监管合规部门、内审风控部门的人力配备、技术支持及其在公司中的地位都得到极大提高。AML/KYC的相关制度、审查流程更加严谨严格，执行力大大增强。国际金融机构的AML/KYC监管压力主要来自以下两个方面。

国际金融机构面临多重监管压力

在国际市场中，金融机构普遍面临着较大的监管压力。一是金融机构面临多部门监管。以美国为例，国际投行等金融机构面临多重监管，一般包括美国证监会（SEC）、期货交易委员会（CFTC）、美国金融业监管局（FINRA）、司法部（DOJ）、美联储（FED）、金融犯罪执法局（FinCEN）和纽约金融服务局（NYDFS）等。二是金融机构面临多重执法并行，即因一项犯罪引发多个监管部门同时问询、听证和处罚等。三是

---

① 参阅：https://www.fincen.gov/news/news-releases/fincen-penalizes-us-bank-official-corporate-anti-money-laundering-failures。

同一违规或犯罪行为可能招致民事和刑事立案并处。因此，境外大型金融机构（包括券商和各类资产管理人），尤其是欧美金融机构，均面临日益增加的监管合规压力。

国际金融机构面临多国监管压力

国际金融机构跨境业务面临多国监管机构的多重监管已成常态，即一个国际投行或其他金融机构根据属地原则、属人原则可以被多国监管机构同时监管。属地原则指监管机构依据被监管对象的注册地和经营地主张和实施管辖权；属人原则指一国监管机构以机构的国籍（或公司股东的属地或国籍）实施的跨境监管。例如，一家在欧洲的美资机构，将同时受到美国和欧洲监管机构的监管，若发生违规可能招致两国监管机构的问询、调查和处罚。因此，国际金融机构跨境经营及其客户跨境投资和交易的特殊性，使它们面临不同国家的合规标准、监管和执法的严峻挑战。

国际金融机构AML/KYC合规制度特征

全球统一从严的合规内控制度

大型国际金融机构一般采取全球统一的AML/KYC监管和内控制度。如美国金融机构一般按照美国的监管制度执行AML/KYC，不会因为境外监管制度薄弱，而在跨境业务中放松合规标准。但如果所在国（如中国、印度等）监管制度更加严格，则按所在国的相关制度从严执行。日趋严厉的合规监控和处罚对金融机构产生了强烈的震慑作用，大型国际金融机构一般会尽最大努力在跨境业务中同时满足机构总部所在国和跨境业务所在国的监管要求。近期，某些中资金融机构在美国等地受到监管处罚，主要是由于中资机构合规意识不强，在海外经营时忽视，甚至根本不了解当地监管规则所致。

大型国际金融机构跨境业务以服务现有机构客户为主

大型国际投行代理客户进行国际市场投资和交易时,一般以服务现有机构客户和私人银行客户为主,基本没有散户。这些客户基本都是经过严格的AML/KYC审查,并与金融机构在本国市场和其他市场有着多年的业务关系。这些客户的资质信息完整、业务关系清楚、可信度高、AML/KYC风险较小。而小型境外券商、期货经纪商的合规标准、内控制度和大型国际投行相比相差甚远,其客户群体中散户数量较多、规模相对较小、资质信息完整度差、较难辨别优劣。

大型国际金融机构合规成本较高、风险容忍度低

大型国际金融机构面临境内外多重监管,合规成本较高,对客户风险的容忍度相对较低。为防范合规和交易风险,大型国际金融机构十分注重对客户的识别认证,对近年来有过监管记录的客户极其谨慎。从身份识别的角度看,金融机构必须对持有客户公司股份25%以上的投资人(法律实体或个人、最终受益人),尤其是对有复杂股权关系或控制关系的最终受益人,进行严格的身份识别和认证;同时也必须对授权人员的身份进行识别和验证,包括授权开户人员的身份识别和验证(身份证件)及授权验证(授权书或者董事会决议)等。此外,金融机构还必须详细了解客户资质、业务关系的建立和原因,如基金客户本身的性质和目的、目标和策略、提供给该客户的服务和产品的适当性等。

国际金融机构十分重视声誉风险

大型国际金融机构十分重视声誉风险(Reputation Risk),并且对负面媒体报道十分敏感。一旦金融机构因AML/KYC违规受到监管询问、处罚,这将直接对金融机构的业务将产生破坏性影响。这种破坏性影响体现在:(1)公司客户很可能因金融机构受到监管询问、调查和处罚而停止或断绝与该机构的业务关系;(2)违规机构的相关业务资格可能被监管机构暂停

或直接取消；(3) 违规机构的高管、违规当事人、合规部门负责人等可能因此遭到重罚。因此，大型金融机构除了必须依法建立成文的AML/KYC监管制度外，还必须严格按相关制度完成客户识别和认证；不仅要在接纳客户阶段的AML/KYC执行过程中严格合规守法，还必须在日常业务运营过程中采取严格的分级合规监控流程，以保证客户交易和内部操作的合规性和及时的风险控制。

金融机构内控机制体系日趋严格

以高盛集团为例，第一，公司各业务部门必须对自身的业务规模和承担的风险负责，并进行及时风险评估和管理。第二，独立的风险管理部门和其他合规监控职能部门（包括全球合规、财务、法律、税务等）有权对公司本部和各分支机构的业务、合规和法律风险进行独立评估和监控，并直接向公司高管和董事会汇报。第三，公司内审部必须就上述各部门的风险管理和控制的有效性及满意度向审计委员会、公司高管、监管机构、董事会提供独立、客观和及时的报告。

全球合规监管与我国对外开放中的风险控制

强化合规监管有助于降低违法违规交易

日趋严格的AML/KYC监管制度和违规执法，加之日趋严格公司合规制度和日常合规监控会对震慑金融犯罪、打击违法交易产生极其重要的作用。AML/KYC制度的积极实施，可以在很大程度上堵住犯罪组织、不法机构和个人渗透金融机构，利用金融市场从事金融犯罪和违法违规交易的入口，也可以显著降低发生这类不法行为的概率，并在很大程度上减轻潜在违规违法事件对金融机构和全球金融市场造成严重的、破坏性影响。

客观认识境外中介机构和客户的合规风险

在市场对外开放过程中，对境外交易者和境外中介实施有效监管极为重要。根据以上分析，大型跨国机构一般都受到多重监管，并且一般都有较严格的AML/KYC审查流程和内部风险监控制度。这类机构合规成本较高、合规意识较强、更注重公司长远利益和名誉风险、对自身和客户交易违规风险的容忍度低。这类公司具有广泛的全球利益（很多是上市公司），一旦发生局部性违法违规，这类机构对监管调查采取配合态度的可能性较高。因此我们认为，大型国际金融机构（尤其是成熟市场）及其代理客户的合规风险相对较小、易于管控。

而小型金融机构，尤其是中国香港和新加坡等地的小型经纪商及其所代理客户的合规性，可能存在较大的不确定性。这部分小型经纪商综合实力较弱、散户交易者居多，存在合规意识较差、合规制度不够健全等问题。这类机构为扩大业务而放松执行合规标准的可能性较大，对违法违规交易的监控能力也相对较差。

提高对境外中介机构的合规标准和认定

我国期货市场对外开放目前采取"特定品种"的准入模式，绝大多数境外交易者均通过境外中介间接参与我国期货市场的产品交易。而在目前跨境执法难度较高的情况下，对外开放必须强化对境外中介机构的监管。管住境外中介，也就基本管住了其代理的境外交易者。未来，在实施股指期货或国债期货特定品种对外开放初期，应考虑严格控制境外交易者合规风险，建议提高对境外中介机构的资质门槛和合规标准，限制规模小、以散户为主、合规制度薄弱的机构成为境外中介，也可以考虑在市场开放初期，要求所有境外中介只能代理机构客户，这样既不影响对外开放，又可以大大降低潜在的境外交易者AML/KYC合规风险及进行违规交易、操纵市场的可能性，同时也可以提高监管效率。

在我国期货市场"五位一体"和"一户一码"穿透式、强监管的体制框架下,通过对境外交易者交易持仓行为的有效监控,以及通过对境外中介机构实行严格的监管和处罚措施,我们基本可以实现对境外交易者在适当性合规、日常交易监控和违法违规处置等方面的及时性和有效性。虽然在跨境交易中发生个别违规交易风险是不可避免的,但是通过强化对境外中介的监管,我们完全有能力、有把握将这种风险降到最低,充分保证市场价格形成和交易结算机制的安全稳定,守住"看得清、管得住"的监管底线。

股指期货连续交易的国际比较与借鉴意义[*]

目前,全球各大主要交易所针对包括股指期货在内的主要金融衍生品已经普遍实现了连续交易。随着我国资本市场对外开放步伐的不断加快,境内股指期货市场功能发挥在交易时间方面明显落后于国际市场和境内商品期货市场。延长交易时间不仅可以完善境内股指期货在隔夜风险管理等方面的重要功能,还可以提高我国资本市场整体效率和国际竞争力,促进人民币国际化进程。因此,我们建议以金融衍生品市场开放为契机,借鉴国际市场成熟经验,加快研究并尽早推出我国股指期货连续交易机制。

金融期货连续交易已经成为全球主流趋势

连续交易是指在证券现货市场当天交易结束后,金融衍生品交易继续进行的几个小时或十几个小时的交易。目前,全球各大主要交易所针对包括股指期货在内的主要期货品种已经普遍实现了连续交易。国际主要股指期货交易的时间明显长于股票现货的交易时间,基本形成了股指期货交易的跨时区、不间断,接近全天候的交易特征。可以说,连续交易已经成为全球主流股指期货市场颇具共性的发展趋势。

---

[*] 本文的执笔者为中国金融期货交易所李自然、张晟畅、沙石,2019年。

全球主要股指期货交易时间分布

为了全景展示国际主要股指期货、现货品种的交易时间安排,我们从FIA数据库中选择了全球股指期货期权成交前二十大品种中的股指期货品种(共7个)及其标的现货指数最近6个月的数据,进而对这些产品的交易时间和交易量分布进行了统计分析(见表1)。

表1 主要股指期货、现货交易(当地/北京)时间分布

股指期货品种		GME标普500迷你	纳斯达克100迷你	巴西Bovespa迷你	Euro stoxx 50	俄罗斯RTS	日经225迷你	富时中国A50	境内股指期货
当地时间	9:30→ 15:00→ 19:00→ 0:00 4:00 9:25								
时区(与北京时差)		芝加哥时间(-13)	芝加哥时间(-13)	巴西圣保罗时间(-11)	柏林时间(-6)	莫斯科时间(-5)	东京时间(+1)	新加坡时间(0)	北京时间
北京时间	0:00→ 9:30→ 15:00→ 24:00→	11:00	11:00	13:00	18:00	19:00	1:00	0:00	0:00
期货交易时长(小时)		22.8	22.8	9.3	20.8	13.8	19.5	19.3	4.0
现货交易时长(即期现货共同交易的小时)		6.8	6.8	8.0	9.0	9.0	5.0	4.0	4.0
无现货交易的期货交易时长(小时)		16.0	16.0	1.3	11.8	4.8	14.5	15.3	0.0
比值		2.4	2.4	0.2	1.3	0.5	2.9	3.8	0.0

国际股指现货和期货的共同交易时段一般分布在当地时间的9:00～19:00，基本与实体经济的白天工作时段对应。其他时段的交易，特别是夜盘交易，基本由股指期货来覆盖。国际股指期货的每日交易时间平均为18.3小时，时间最长的是美国标普500股指期货，每日交易接近23小时，几乎是全天候交易。因而，股指期货交易呈现比现货交易更为连续的特征。

平均来说，我国股票现货市场交易时间较短，是上述7个股票现货交易时间平均值的58%。我国股指期货交易时间仅覆盖我国现货股票市场交易时段，是上述7个国际股指期货市场交易时间的22%。这与国际股指期货市场较长的连续交易时间形成鲜明的对比。

从期货、现货产品对不同时区的覆盖来看，欧美时区成熟市场的期货产品除满足其本土交易需求外，也通过夜盘交易，充分覆盖了亚洲投资者的白天交易时段，欧美现货市场之间在白天交易时段有较长时间的重叠，现货盘后或夜晚时段则通过期货交易实现同步。巴西虽然没有开设股指期货夜盘交易，但其期现货的白天交易时间较长，从而与欧美现货的白天交易时段有很大的重叠。日本和新加坡这两个亚洲市场通过期货夜盘交易对欧美白天交易时段的覆盖也比较充分。但目前我国期货、现货交易时段恰好错开了欧美的白天交易时段。

股指期货连续交易对亚洲和新兴市场更为重要

为了进一步分析国际股指期货的流动性在现货交易时段与非现货交易时段的差异，本文对2018年11月10日至2019年5月3日[①]的5分钟交易数据进行了统计（见表2）。

结果显示，7个国际股指期货品种非现货交易时段的交易量占全天总成交量的比重平均为20.26%。为了对比成交强度在连续交易时段与现货

[①] 这是彭博数据终端可以获得的5分钟高频数据，最长数据时限。

交易时段的差异，本文还计算了股指期货单位小时内的平均成交量（表2第3列数据）。该指标显示，连续交易时段的每小时平均成交量约为现货交易时段的21.04%。

需要注意的是，非现货交易时段的期货交易在日本、新加坡和俄罗斯较欧美地区更为活跃。日经225和富时A50股指期货的夜盘成交量分别占总成交量的50.56%和24.79%。俄罗斯RTS股指期货非现货交易时段的成交强度为51.39%，均高于表2中的平均值。这背后的原因是，俄罗斯市场的连续交易时间仅为股票市场收盘后的4.8小时，而这段时间正好是美国白天交易时段。因此，俄罗斯RTS股指期货交易的时间安排正好满足了欧美资金在其正常交易时段参与市场的需求。巴西Bovespa股指期货市场的连续交易时间仅为现货开盘前的1小时，现货收盘后的15分钟。这是因为巴西现货交易时段与欧美大部分重合，所以实行较长连续交易的必要性较小，但时均交易量仍然较高。

表2　　股指期货交易量在现货和非现货交易时段的分布

股指期货	连续交易时段和全天总成交量比例（%）	连续交易时段和现货交易时段时均成交量比例（%）
CME标普500 迷你	13.51	6.59
纳斯达克100迷你	16.54	8.36
巴西Bovespa指数迷你	4.19	27.97
Euro Stoxx 50	10.59	9.07
俄罗斯RTS 指数	21.63	51.39
日经225指数迷你	50.56	35.27
新交所富时中国A50	24.79	8.64
算数平均	20.26	21.04

日本股市作为一个成熟市场，规模较大、开放度较高，是全球投资者特别是欧美投资者资产配置的重要方向。在日本交易所上市的迷你日经225股指期货，其连续交易时段的成交量占全日成交量一半以上（50.56%），连续交易时段时均成交量（35.27%）也明显高于欧美市

场。在美国CME上市的日经225指数期货和在新加坡交易所上市的日经225指数期货的非现货交易时段交易也同样十分活跃（见表3）。不仅亚洲时区的夜盘交易满足了欧美资金白天交易日本资产的需要，跨市场套利交易也进一步巩固了日经225指数的期货交易长期以来三地共存的独特局面。

表3　日本、印度股指期货产品成交量（2018年11月至2019年5月）

股指期货	交易所	现货交易时段日均成交量（手）	连续交易时段日均成交量（手）	连续交易时段成交占比（%）	离岸市场交易量占比（%）
日经225	日本交易所	26217	18672	41.6	
	新交所	27624	21688	44.0	40
	CME（美元）	1840	4517	71.1	5
	CME（日元）	4497	18538	80.5	19
日经225迷你	日本交易所	284243	290694	50.6	
	新交所	0.5	0.2	32.1	0
Nifty 50	印度NSE	88648	0	0	
	新交所	25157	8466	25.2	27.5

在这方面，印度的教训也很值得注意。不断寻求国际化的印度资本市场，一直没有在本土市场开设Nifty 50指数期货夜盘交易。新加坡交易所上市Nifty 50指数期货后一直采用连续交易制度，这在一定程度上使该产品的活跃度不断提高。2016—2017年，Nifty 50指数在新交所的期货交易份额已经接近50%。随着印度国家交易所（NSE）从2018年开始推动终止Nifty 50指数的海外期货交易授权开始，Nifty 50指数在新交所的期货交易份额大幅下降，但目前仍占27.5%，其中夜盘交易量占全天交易量的四分之一（见表3）。

由于存在非现货交易时段的交易安排，新加坡富时A50股指期货的交易时间大幅超过我国股指期货的交易时间，全天交易时间接近我国本土股指期货交易时间的5倍，其在我国股票现货市场闭市后时段内的成交量占其全日成交量的四分之一（见表2）。随着我国资本市场对外开放不断深化，A50股指期货非现货交易时段的交易对海外资本的吸引力可能会进一步增强。未来若其他离岸交易所上市宽基的A股指数期货并实施连续交易，必将严重弱化中国本土股指期货市场的吸引力。

我国金融衍生品市场延长交易时间的必要性

延长交易时间是补足金融期货风险管理功能短板、提升运行质量、服务实体经济的需要

在国外成熟市场，证券现货交易时间比较贴近实体经济的白天工作时间。证券衍生品的交易时间一般不仅早于证券现货的开盘时间、晚于证券现货的收盘时间，而且很多产品不断延长交易时间，甚至实现了近24小时的连续交易。我国资本市场仍然处于"新兴加转轨"的发展初级阶段，市场机制和风险管理体系还不够完善。其中，较短的股指期货交易时间是一个明显的短板：金融期货特别是股指期货的交易时间短于我国实体经济的白天工作时间，短于商品期货交易时间，大幅短于发达国家金融市场的交易时间，且与欧美主要实体经济和金融现货市场的白天工作时间完全错开。

延长股指期货市场交易时间，覆盖更广泛的时区，可以给参与我国股指期货市场的境内外专业机构在选择交易时间上拥有更大的灵活度，以进行风险对冲、价差套利、投资替代等方面的运作。我国股指期货市场延长交易时间后能够与全球金融市场在运行时间上更加匹配，可以更有效地提升我国金融期货市场价格发现功能和运行质量，进而对中国资本市场整体功能、效率的提升以及实体经济的运行产生积极影响。

延长交易时间是解决投资者隔夜风险管理需求的必要安排

在正常情况下，国际投资者会选择在本土市场正常的白天交易时段

进行各类衍生品风险对冲、套利等交易。这是因为在正常的白天交易时段，市场的参与者最多、流动性最好、交易成本最低。但在经济全球化的背景下，不同国家的经济系统跨时区24小时交替运行相互影响，全球资本市场信息和资产价格风险联动的特征日益突出，这使一个国家市场的投资者在任何时间都可能会有进行风险管理的需求。我国部分经济和政策信息是在非现货交易时段发布的，欧美等重要经济体的经济信息和政策信息也是在我国非现货交易时段发布的。这些信息和突发事件（如脱欧公投和特朗普当选等的意外结果）往往对全球资本市场（包括我国资本市场）产生重要影响，从而带动全球资本市场价格联动，这就是所谓的隔夜市场风险。

股指期货连续交易，可以使上述各类信息对股票资产价格的影响得到及时反映，从而有效提升价格发现的效率。连续交易期间，境内外投资者及时利用股指期货市场管理突发事件对资产组合的冲击，可以大大降低市场风险的累积和扩散。隔夜风险的出现必然会对一国股票市场次日开盘产生一次性价格冲击，而衍生品夜盘交易在一定程度上减轻了这种价格冲击对投资者的影响，对市场稳定安全运行有十分积极的作用。

除了应对较重大的隔夜信息或事件风险的需求，部分国际投资者也有在其正常的白天交易时段管理他国资产日常风险暴露的交易需求，如应对正常的申购赎回、仓位调整，处理客户信用风险，执行公司或董事会决议等紧急事件时产生的交易需求，部分国内交易者也时常会有类似的交易需求。这就是夜盘交易通常交易量比较小，而在隔夜信息多、影响大，或突发事件出现时，夜盘交易量才会大大增加的原因。

因此，我国股指期货只有实现连续交易，才能有效帮助我国股票现货市场的境内外投资者及时调整仓位，规避非现货交易时段各类信息发布和突发事件对资产组合带来的市场风险。只有隔夜风险通过夜盘交易提前得到适当释放后，次日开盘时的市场冲击效应才能得到有效缓解。

延长交易时间是金融期货乃至资本市场打造全天候交易能力和国际竞争力的必要条件

金融是国家重要的核心竞争力。当代主要国家之间的经济竞争已经从全球资源和市场的竞争，升级为全球金融资本的竞争。构建一个有竞争力的金融市场，吸引全球金融资本服务实体经济，是扩大一国全球资本竞争优势以及夯实大国竞争优势地位的重要基础。在当今全球经济体跨时区交替运行的背景下，一国金融市场的全天候交易能力，已经成为一国金融影响力和竞争力的重要体现。特别是中国要想参与目前以欧美为主导构建起的全球金融体系的竞争，就更不能在欧美主要的金融交易时段缺席。

金融衍生品是一国资本市场实现全天候交易能力的抓手。金融衍生品交易的是现货资产未来的价格，是现货资产交易的延伸和补充。由于不涉及标的现货资产或资产所有权的转移，加上交易结算上的便利（杠杆和现金结算交割等）、相对充沛的市场流动性和电子通信技术的发展，开放市场中的衍生品交易很容易突破各国现货资产的交易时间，成为国际投资者进行全天候资产管理和风险管理的重要工具和手段。目前，国际主要交易所的全天候交易能力主要体现在衍生品的不间断连续交易。因此，一国金融市场要参与国际金融市场的竞争，就必须重视和发展金融衍生品在交易时间上的跨时区连续性问题。

延长交易时间对于我国资本市场高质量发展的意义

延长交易时间有利于在开放环境下引导长期资金入市和维护国内股票现货市场稳定

随着金融市场对外开放程度不断加深，我国股市的波动不仅围绕国内实体经济运行，也受境外因素的影响。股指期货延长交易时间，给境外投资者提供了及时的管理风险工具，使其持有的中国股票资产在受境外因素影响的情况下，可以利用股指期货夜盘为A股现货市场风险提供缓冲带，不必等到A股现货交易时段就可以提前实现风险规避，进而减少境外资金在股票现货市场的大进大出及由此带来的各种市场波动风险。

延长交易时间可以为境外机构提供更多完成交易的机会，从而降低成本。例如，资产管理机构面临申购赎回时，夜盘交易可以提供给它们更多机会和时间完成相关资产调整，提升资产管理效率。再如，对于交易规模较大的投资者，延长交易时间可为其以拆单形式进行分散交易提供便利，减少对市场的冲击。夜盘交易通过满足境外投资者在其正常的白天交易时段交易我国金融资产的需求，可以吸引更多境外机构长期资金入市，加快期现货市场的机构化和国际化进程。

延长交易时间有利于重要衍生品流动性留在境内

金融衍生品历来是全球各大交易所争夺的一项重要金融资源，同一产品多地上市、连续交易，已经成为很多主流产品的必备功能和重要竞争方式。从国际经验看，未来随着A股对外开放程度的不断提高，离岸市场涉及A股的指数期货交易会发展得越来越快，其在交易时间上的竞争优势可能会越来越明显。

首先，我国股指期货市场未来会面临来自三个方面越来越激烈的离岸市场竞争。一是随着MSCI等国际指数公司将A股纳入相关指数以及纳入因子的逐步提高，包括香港交易所在内的全球各大交易所上市国际指数公司授权的A股相关指数期货的竞争将越来越激烈。二是若干原已被MSCI授权用于期货期权交易的指数自动纳入大量A股，这也将对境内股指期货产生一定的替代。例如，在欧洲期货交易所（EUREX）上市的MSCI China Free Index Futures（也同时挂牌在ICE US和新交所）是MSCI授权的国家/地区指数期货中交易量排名第4的产品，未来会覆盖大量A股。三是新加坡富时A50股指期货始终是我国境内股指期货的有力竞争对手，尤其是在目前我国股指期货交易还受很多限制的情况下。

其次，在我国资本市场开放程度进一步提高，欧美资本在其白天工作时间交易境内资产需求不断加大的背景下，境外替代性产品在交易时间上的优势将越来越突出。从日本、新加坡、俄罗斯和印度等国家股指期货市场的发展经验来看，东半球期货市场夜盘交易需求甚至比欧美发达国家还要大。在对外开放环境下，如果国内股指期货产品的功能发挥因交易时间受到抑制，很容易造成国际投资者滞留于离岸市场，本土市场流动性被离岸市场蚕食和分流的问题。因此，在更加开放的市场和全球竞争环境中，适时延长境内股指期货的交易时间，是确保重要衍生品流动性（特别是盘后交易流动性）留在本土，增强金融期货国际竞争力的需要。

延长交易时间有利于促进人民币国际化

一国货币的国际化是指一国货币能跨越国界，在境外流通，成为国际上普遍认可的计价、结算、投资、储备货币的过程。从美国的经验来看，美国推动美元成为国际货币的一个关键战略是建立了良好的金融投资环境，为境外美元持有者提供了除贸易以外的一个重要回流机制。随着各国持有人民币数量的不断增加，中国也必须逐渐建立起具备较好流动性、发达开放的境内金融市场，提供适当的金融交易工具，满足各国不同利益主体对持有人民币安全性、流动性、收益性的要求，提高各国持有和使用人民币的意愿。

中国与欧美地区的白天工作时间基本错开，时区差异较大。延长股指期货交易时间，将直接拓宽欧美投资者手中人民币的使用时间范围，提高使用便利性，有利于其在有效管理市场风险、保障收益安全性的前提下，将人民币以长期资金的形式投入中国境内资本市场。这对提高我国资本市场开放程度，拓宽境外人民币的使用范围，促进人民币由交易职能向投资储备职能延伸都具有重要意义。

加快推进金融衍生品市场连续交易机制的建设

现代金融衍生品在交易时间上的连续性优势是打造金融市场全天候交易能力的核心。从国际经验来看，亚洲等新兴市场国家对非现货交易时段衍生品交易的需求比欧美市场还要大。随着A股对外开放程度不断提升，以及股指期货离岸市场竞争的加剧，未来延长交易时间是补足我国股指期货功能短板，提高国际竞争力，保障重要衍生品流动性（特别是夜盘流动性）留在国内的必要举措。由于延长交易时间能够解决境内外投资者管理隔夜风险的需求，给机构投资者提供更多的交易便利，进而提高资本市场的效率和吸引力，它对更好地引导国内外长期资金入市、维护现货市场稳定、拓宽人民币使用范围和助推人民币国际化等都具有积极的意义。

因此，我们建议以金融衍生品市场对外开放为契机，加快研究并尽早推出我国股指期货连续交易机制，以促进中国金融期货市场高水平对外开放和国际竞争力的提升。

金融衍生品的
本质

THE ESSENCE OF
FINANCIAL DERIVATIVES

第五章

金融衍生品和市场危机的反思

美国1987年股灾反思和我们的借鉴[*]

美国1987年10月股市崩盘之后，总统市场机制特别工作小组撰写的《布雷迪报告》①强调股票市场、期货和期权市场实际上是一个统一市场的组成部分，各市场组成部分通过产品和各种交易策略相互连接、互动，是有机的一体，而危机加剧的重要原因是这个统一市场间的纽带被割裂，报告建议加强跨市场监管和协调。时任美国SEC委员、斯坦福大学法学院教授约瑟夫·格兰法特指出，除了基本面以外，危机产生的原因不是程序化交易、指数套利、期货市场、期权市场和其他资本市场近年来的金融创新，而是信息错乱、市场容量有限和流动性陷阱。

虽然1987年美国股票市场崩盘与我国2015年股市的异常行情起因不同，但有很多相似的地方：资产价格在较短时间内大幅下挫，市场流

---

* 本文完成于2015年8月，当时中国股票市场正处于异常波动的极端行情中。股票大量跌停，停牌的现象十分普遍，现货市场流动性变差，股指期货交易虽仍十分活跃，但开始受到越来越严格的限制。社会媒体对股指期货在市场暴涨暴跌中的作用产生了强烈的质疑和批评，有人甚至呼吁停止股指期货交易。这最终导致了2015年9月初史无前例的、最严厉的股指期货交易限制措施的出台，其中包括非套期保值交易保证金比例提高至40%，交易账户日内开仓不超过10手，平今仓手续费提高至正常水平的100倍等，部分限制措施至今仍然没有完全恢复正常。

① 《布雷迪报告》对股市暴跌的具体成因有十分详细而全面的论述。在描述市场下跌的过程时，报告也讲到组合交易股指期货对冲对市场产生冲击的直观影响。CME认为这是对股指期货不公平的指责，因此CME当时对《布雷迪报告》的这一描述提出了强烈的批评。但是从报告整体来看，尤其是其关于统一市场的论述，并没有指责股指期货是股市下跌的原因，也没有对股指期货持有强烈的偏见。

动性枯竭，市场运行机制和功能遭到严重破坏。回顾美国对1987年股灾后市场、产品和监管的反思与评估对我们客观及时地总结2015年股市异常波动的经验教训，深化我国交易机制和监管机制的改革有一定的借鉴意义。

"黑色星期一"不期而至

1987年10月19日，道琼斯工业平均指数暴跌508点，跌幅达22.6%，史称"黑色星期一"。这一天，道琼斯指数下跌达到高潮，大量的单边交易，尤其是指数对冲和程序化交易等，很快使交易系统几近瘫痪；同时各交易系统（股票，期货、期权）间原有的价格互动反应机制出现中断；信息混乱和不确定等造成市场信心崩溃，加剧了市场的恐惧性下跌。

在危机爆发后的几个月时间里，美国监管部门和自律监管机构对1987年10月的市场崩盘做了大量的反思。纽约证券交易所，芝加哥商品交易所，美国证券监管委员会、美国商品期货交易委员会，美国审计总局（GAO）都发布了各自的调查报告。经总统委任，以时任财政部长布雷迪（Nicholas Brady）为组长的总统市场机制特别工作小组也于1988年1月发布了关于股灾的分析报告即《布雷迪报告》。以这些报告为基础，美国国会进行了一系列听证会，研究未来市场改革方案和如何防止股灾再次发生。

衍生品交易在危机中的作用

以上各个报告都列举了类似的危机发生的原因，如日益恶化的贸易赤字、当时提出的针对兼并收购的税收政策、市场利率攀升、连续几年的牛市行情将市场估值推向高峰等（平均市盈率为23倍）。但最令人关注的问题是衍生品交易在危机中所起的作用，而在这方面，虽然对衍生品交易的质疑和反驳的声音很多，但总体来说，既没有得出股指期货是市场崩盘主要推手的结论,也没有得出要取消和限制衍生品交易的结论。

比如,著名的《布雷迪报告》认为股票市场和期货市场(包括期权)实际上是一个统一市场的组成部分,这个统一市场的各组成部分之间是通过不同的金融产品和交易策略连接起来的。简而言之,这个统一市场的各组成部分在危机中失去了有效的协同,甚至完全分裂,这是导致市场崩盘的主要原因。报告认为,原有的市场结构和监管结构是为各个独立的市场而设立的,无法也不能有效应对危机中跨市场的压力。报告认为,虽然20世纪80年代金融市场高速发展、不断创新,但政府监管部门、市场机构和学术界并没有充分认识到这些看似独立的市场实际上是一个行为一致、相互关联的统一市场。

DOT(Designated Order Turnaround)自动订单转送及成交回报系统是场内做市商、指数套利者、组合保险程序化交易者最常使用的自动交易系统。而这一系统在19日当日由于交易量暴涨而发生堵单,无法正常运行。20日,NYSE甚至停止了指数套利交易通过DOT进行交易。《布雷迪报告》批评了NYSE这一做法,认为这一限制,切断了股票现货和期货市场的联动关系,使期货市场和现货市场的价格差异无法平复。虽然套利交易无法正常进行,但组合保险交易已经开始直接卖出股票,因为那时股指期货已经严重贴水。在市场信心崩溃的时候指望统一市场的任何一个组成部分逆势上涨是不现实的。19日上午股指期货贴水是因为股票市场开盘时订单极不均衡,相当大的一部分股票开盘时暂停交易,其中95只标普500指数成分股(相当于1/3标普500股票市值)和11只道琼斯30指数成分股暂停交易。这时股票指数的价格按前一交易日价格计算,已经明显偏高失真。而这一问题在恢复交易后并没有得到缓解,因为市场波动十分剧烈,数据传输不及时,市场信息混乱,引发恐慌杀跌。

CFTC的报告也批评了NYSE停止部分交易商使用DOT交易系统的做法,并认为股指期货交易量并不是NYSE股票交易卖盘集中爆发的原因。

相反CFTC认为，没有股指期货的对冲机制，股票市场的下跌会更加剧烈。CFTC的报告坚定地认为股指期货并不是诱发全球股市下跌的原因。CFTC认为，10月19日早盘，某一公募基金1700万股的卖单和大量投资组合保险程序化交易的卖压，导致了那一天的股市崩盘。CFTC认为，交易数据的分析，不能证明股指期货对冲和套利交易在技术上是造成股票市场价格持续下跌的直接原因。

CME在事后的论证报告中和CFTC持同样的观点，认为股指期货不是造成现货市场下跌的原因，它在总体上减轻了股票现货的压力（Net Absorber）。CME的报告由诺贝尔经济学奖获得者莫顿·米勒主笔。他指出，很多国家没有指数期货或投资组合保险程序化交易等，它们的股票市场在10月19日那天的跌幅也和美国一样大，市场也一样混乱，而那一天在CME股指期货市场上投机客户（Speculative Accounts）的持仓是净多头。米勒在报告中认为跨市指数套利（包括程序化交易）的作用是积极的，危机当日市场的混乱局面正是因为市场间的套利机制被破坏了。NYSE的场内交易商（Specialists）只能在毫无对冲避险的情况下去面对雪崩般下跌的市场。米勒认为，没有证据显示中断程序化交易能帮助提振市场信心，改善市场流动性。

SEC的报告对股指期货市场的批评比较直接。该报告认为虽然股指期货不是股票市场暴跌的唯一原因，但是股指期货的存在和各种交易策略的应用，尤其是那些包含程序化交易的套利、替代、组合保险等交易可能是造成现货市场行情恶化的重要因素：（1）股指期货在现货市场功能失灵时（众多股票暂停交易、价差拉大、交易信息不能及时反馈和发布）成为价格发现的替代机制。（2）活跃的股指期货市场成为投资者快速离场的重要通道，同时股指期货体现的价格贴水可能加大了股票现货的卖盘压力。（3）股指期货交易在危机时使股票市场场内交易员（Specialists）提供市场流动性的风险加大。从两个独立监管的不同立场角度来讲，CFTC和SEC对股指期货在市场危机中作用的不同判断并不奇怪。

我们认为SEC指出的只是事件发生的表象，而不是原因。现货市场和期货市场都面临卖压，而流动性压力在现货市场中表现得最为严重。现货市场流动性的恶化很快传递至期货市场，而期货市场承接了巨大的卖盘压力，并导致期货价格大幅贴水。期货市场卖压和价格贴水既是现货市场卖压和流动性紧张的反映，又是市场悲观情绪的客观写照。在危机中，现货市场和期货市场的内在联系机制虽然被严重割裂（现货市场流动性枯竭、信息错乱、清算延迟、人为干预等），但市场的悲观和恐慌情绪彼此感染，两个市场上卖空压力高涨，市场在19日和20日几乎进入自由落体的状态。这实际上证明了布雷迪统一市场假说，即股票现货市场和期货市场是一个相互作用的、行为一致的统一市场。

美国审计总局（GAO）的报告描述了衍生品市场的功能、期货市场与现货市场的关系及市场监管的原则，但对衍生品交易在市场危机中的作用未予置评。该报告认为关于指数套利、组合保险程序化交易和其他与股指期货有关的交易策略在1987年股市崩盘中的作用存在争议是可以理解的。股票现货市场、期货市场及各种交易策略在危机中的极端表现和相互作用加重了投资者的恐慌心理。

《布雷迪报告》提出的统一市场观点和建立有效的跨市场监管机制的倡议得到了多方的认同。该报告是由总统任命的调查委员会汇集多方专家的意见后完成的，在市场中有较高的地位。它在一定程度上缓和了不同监管部门和交易所之间的观点对立，也促使投资者和监管机构对股指期货交易的作用有了比较客观和公正的认识。事实上，在危机后的若干年里CFTC和CME的观点不断获得了投资者和监管机构的认可。经过这轮辩论，股指期货交易在资本市场中的作用在美国后来的市场危机中再也没有成为争议的对象。

后来，虽然没能按布雷迪的提议成立跨市场监管机制，但美联储

（FED）在危机中公开表明支持市场流动性，鼓励银行向券商、做市商、投资者提供信用支持、立即降息等，这些举措使美联储事实上承担了跨市场协调的角色，而这一跨市场协调的角色，在后来历次市场危机中均有所表现。

市场效率和协调

在危机反思中最无争议的是对市场系统效率的认识。10月19日早盘众多股票未能开盘交易，造成市场估值混乱和投资者恐慌，股指期货低开，价格严重贴水（较之由于停止交易而虚高的现货指数），这引来指数套利盘开始卖出现货股票。与此同时，股票市场的下跌导致基金、投资组合保险程序化交易开始在现货市场和期货市场上大量抛售。之后，卖压不断加大，中午之前，DOT自动交易系统已经无法承受巨大的卖压，导致成交速度放慢、价格反馈不及时，之后结算流程也出现了问题，造成某些经纪商甚至清算所出现延迟支付，进一步动摇了市场信心。

在危机状况下，保持交易系统的正常运行和保持市场流动性是投资者和监管机构的共同要求。GAO批评NYSE未能预见极端行情下的超大规模交易量对其交易系统的要求，GAO也同样批评SEC缺乏对NYSE交易系统的事前监控。SEC也对NYSE系统效率问题做了详尽的分析，并建议NYSE大幅提高系统容量应对特殊情况下流动性的要求。同时，NYSE建议增加场内交易员的资本金，改进清算流程等措施；CFTC建议采取连续性的交易数据输入和报告机制，改进银行和清算经纪商之间的清算流程，以提高清算速度，尤其强调在市场波动加大时，提高保证金支付的速度和可靠性等。

此外，期货市场和现货市场做空交易制度的差异也是影响流动性的重要因素。在美国，SEC的卖空规则禁止以低于最新卖出价的价格卖出股票，即股票卖空的价格必须高于最新成交价，这被称为"报升原则"

（Up-tick rule）。然而，在期权市场和期货市场上并不存在类似的规定。这种对股票卖空的限制，意在维持市场的稳定，防止股票价格快速下滑，这在正常的市场交易中并无特殊影响。但是在市场危机的时候，这个制度的存在使投资者更倾向于在期货市场上卖空，而期货市场上的卖空压力，容易导致现货市场卖盘的增加，这与现货市场上做空限制的初衷正好背道而驰。另外，这个制度限制了套利交易的功能，因为如果套利商不能在现货市场上借券卖空，也就无法在期货贴水时有效做多股指期货，期现货市场的均衡就难以实现。

这一问题的讨论并没有很快得出结论。美国股票市场上的做空报升原则直到2007年才被最终取消。经过2008年国际金融危机的反复后，2010年美国SEC又引进了改良版的报升原则，即当股票价格跌幅超过10%以后，重新启用报升原则。

关于熔断机制的讨论

一般来讲，证券市场通过对杠杆交易和做空交易的管理来监控市场波动，期货交易所则是通过价格涨跌停制度和头寸限制达到同一的目的。1987年危机之后，股票交易所和期货交易所都提高了保证金比例，同时NYSE对指数套利进行了部分限制（类似熔断机制），即当道指日间涨跌超过50点后，指数套利交易不能通过NYSE的DOT自动交易系统进行，必须手工完成，但是NYSE的这一措施招致众多反对之声。CME的报告认为，股指期货和现货市场之间需要连续交易以保持平衡，认为这对股票市场的价格发现十分重要。对DOT交易的部分限制实际上放慢了跨市场均衡的过程，带来更多不确定性，提高了对冲成本，也间接提高了现货大宗交易（Block-trading）和场内交易商（Specialists）的交易成本。

《布雷迪报告》建议设立一个跨市场的熔断机制，即当市场指标（交易量或仓位）到达一个（或一系列）临界点之后，在不同的市场上同时实施暂停交易。《布雷迪报告》认为熔断机制是应对市场间流动性缺陷的客观需要，这种流动性缺陷是当市场陷入危机、单边暴跌行情发生时必然会产生的。但是SEC对此表示反对，因为华尔街的大型投行们一向反对任何涨跌停制度和头寸限制制度。美国广大投资者一般认为连续的代理拍卖（Agency Auction）制度是对投资者最有利的。

1988年3月，美国总统又要求SEC、CFTC、FED和财政部首脑组成金融市场联席工作组，研究跨市场协调和防止危机再次发生的措施。这个工作组提出的唯一具体方案就是设立熔断机制，这个建议虽然并不强硬，但也招致多方反对，他们认为跨市场熔断机制不是提高市场效率和促进市场和谐的正确选择，同时暂停各市场交易缺乏法律依据，熔断机制不利于中小客户等。在CME的报告中，莫顿·米勒表示支持熔断机制，但是坚持涨跌停板不宜过小。因为过小的限价区间会使市场恢复平衡的过程放慢，可能会恶化恢复交易时的市场状况，降低套保效率，长远来看不利于交易所的国际竞争地位。

虽然有各种不同的声音，1988年10月19日，CFTC和SEC最终批准了NYSE和CME关于设置熔断机制的申请。NYSE和CME随后实施了熔断机制，并对这一机制进行了多次改进。这一机制最终演变成现行的三级熔断机制，即当标普500指数波动达到7%（第一级）和13%（第二级）时，全市场暂停交易15分钟；超过20%（第三级）时停止当天交易。

格兰法特对危机的反思

对1987年美国股票市场危机的反思有很多，也很详细。当时美国SEC委员、斯坦福大学法学院教授约瑟夫·格兰法特（Joseph Grunfest）的观点很有借鉴意义。他在1988年7月21日在美国CATO研究院发表的关于市场危机的讲演中指出，在1987年10月19日那天，在市场信息错乱和高压卖盘的冲击下,股票市场、期货和期权市场,以及它们的功能都遭到严重破坏,进而导致了流动性危机。他强调不能将黑色星期一错误地归咎于程序化交易、指数套利、期货市场、期权市场和其他资本市场近年来的金融创新。除了基本面的原因外,危机产生的本质原因有三个:信息错乱(Information Failures)、市场容量有限(Capacity Constrain)、流动性陷阱(Liquidity Trap),这三个因素相互作用,加剧了市场恐慌和暴跌的局面。这三个原因看似简单,但是它使立场对立的监管机构和投资者可以跳出各种复杂凌乱、相互矛盾的市场、产品和交易机制的表象,发现市场流动性危机爆发的主要原因。格兰法特认为如果可以增加市场信息流通的效率和透明度,提高交易系统容量,并采取措施提高市场流动性,监管机构可避免下一场危机。

格兰法特不仅没有对跨市指数套利、股指期货交易、投资组合保险程序化交易和其他程序化交易机制提出批评,相反他认为,金融理论在过去的20年间所经历的变革与生物科学、计算机技术和其他高科技创新一样具有革命性意义。他认为指数投资(或投资组合)将迅速成为一个重要且有效的投资工具。机构投资者有充分的必要以投资组合本身为标的进行交易而不是交易一只只股票。而当时交易所恰恰缺乏有效进行投资组合交易的系统和服务,这或许正是交易所提高市场容量和流动性的目标。

后来证券市场的发展证明了格兰法特先生的远见卓识。美国1987年之后不仅没有放弃,反而强化了股指期货等场内交易机制。与股指期货有关的各种交易机制不断被广大投资者和监管机构接受。在之后的历次市场危机中,股指期货再也没有受到指责。股指期货市场的发展和完善,极大地促进了指数投资(ETF和指数基金)的高速发展,并为各类对冲基金和量化投资提供了重要手段。场内衍生品市场逐渐确立了美国资本市场的核心组成部分的市场地位,也成为美国金融实力的象征。

我们的借鉴

2015年夏秋之交，我国股票市场也经历了一场流动性危机。在危机中，股票价格在短时间内大幅跳水。由于较窄的涨跌停制度，股票市场流动性（尤其是中小盘股票）面临枯竭。大面积股票跌停和任意停牌使现货市场功能遭到了严重的破坏、市场价格严重扭曲、市场信息错乱、投资者信心崩溃。股指期货市场较好的流动性和有效的价格发现机制，从某种意义上讲，成为危机中投资者出逃的唯一路径，但也导致股指期货价格大幅贴水。因此，股指期货价格贴水的现象既是对现货市场流动性补充的结果，也反映了现货市场功能遭到严重破坏的客观事实，绝非像有些人指责的那样是造成现货市场卖盘压力的原因。

根据《布雷迪报告》统一市场的观点，股票现货市场和期货市场实际上是一个统一市场的组成部分，它们之间通过产品和各种交易策略相互连接、互动，成为一体，它们在危机中的表现是一致的。以这个视角分析我国2015年股市异常波动是比较客观的，即在这个统一市场面临危机时，股票市场和期货市场的运行机制和市场功能都遭受了严重打击，没有谁引导谁的问题。

格兰法特对危机分析的三点论（信息错乱、容量不足、流动性枯竭）更为具体到位。在我国2015年的股市异常波动中，无论是在现货市场，还是在股指期货市场，市场信息都极其匮乏和不对称。在股票市场上，交易系统受单向卖盘影响难以正常运转，大量的股票跌停和停牌，使市场流动性极度萎缩，更为严重的是股票市场的定价功能遭到破坏，期货市场被迫承接大量卖盘，导致期货市场价格较现货市场下跌更为严重。

关于我国2015年股市异常波动的原因，比较一致的观点是由于前期舆论误导和大量杠杆资金入市使市场短期内上涨过快、估值过高，而去杠杠的过程又过于仓促，进而引发了市场恐慌和急速下挫。在危机后的反思中，除了必须从源头上寻找危机发生的深层次、基本面原因外，还必须客观分析交易机制、监管理念和监管手段存在的问题，探讨如何提高市场信息准确性和传导速度，增加信息透明度，扩大市场交易系统的容量，改进市场交易制度，促进和维护市场流动性。

在危机时，维护现货市场的流动性是十分重要的，但可能是不充分的。可以肯定的是，期货市场流动性高、交易成本较低，对市场氛围的反映是最敏感的。在危机爆发时，其承压下跌的幅度也是最快的，非常容易形成期货严重贴水。在理性的市场结构中，如果现货市场也可以像期货市场一样高效的话，即股票市场保持流动性和交易效率，现货股票可能迅速与期货市场价格达到平衡，这将使期货市场卖盘减轻，同时也减轻了继续在现货市场卖出股票的压力。一个充分联动和快速达到均衡的市场是一个高效的市场，是不易引起流动性恐慌而形成踩踏暴跌行情的。因为套利交易在期货、现货之间的买卖可以迅速而有效地降低价格非理性大幅跳水的可能性。这就是《布雷迪报告》中的统一市场和期现货市场充分联动的假说，当然这是一个理想状态。

1987年的美国股市和2015年的中国股市都远远没有达到上述统一市场充分联动的理想状态。交易机制的优化和监管制度的完善可以使市场不断接近这种理想状态，但现实中，当市场出现失控时，监管机构有责任予以适当的干预，以稳定市场预期，提供必要的流动性支持，缓解市场机构的信用风险压力。这些必要的干预和支持不是简单地限制交易、限制衍生品卖空、政府资金入市托市等，更重要的是保持市场信息的公开透明，确保主要市场主体可以获得必要的资信支持，尽量维护跨市场流动性及结算体系的安全性和效率等。

股市危机是市场基本面和交易机制出现问题的综合反映，而市场价格下跌只是危机的表象，如果市场基本面是信息的话，那么市场价格就是传递这个信息的信使。正如格兰法特所说，我们必须坚决反对勒德主义者（Luddite）反对创新的倾向及那些危险和错误地指责程序化交易、指数套利、期货市场、期权市场和其他有益的金融创新造成黑色星期一的观点。我们不能把信使（Messenger）混淆为信息（Message），更不能因为厌恶信息而枪杀信使。

股市崩盘后研究的"罗生门"效应及启示*

道琼斯工业平均指数（DJIA）在1987年10月19日暴跌508点，史称"黑色星期一"。该情况前所未有，DJIA单日22.6%的跌幅几乎是大萧条时期12.8%峰值跌幅的两倍，而且也是长达8周深度下跌983.68点中的跌幅峰值。此外，在黑色星期一的第二天（史称"糟糕星期二"），由于场内交易商（Specialists）和其他做市商等流动性提供者无法维持交易，股票市场几乎闭市。尽管此次市场崩盘一部分源于投资者对宏观经济发展预期的戏剧性变化，但急跌来得如此猛烈，凸显出当时美国市场微观结构中存在的一系列严重问题。

危机后政府及自律组织研究概览

政府及自律组织研究

1987年10月市场崩盘之后，各方马上作出反应，一系列政府及自律组织研究报告先后发布。纽约证券交易所于1987年12月21日发布了在危机前已开展的《程序化交易及其对当前市场行为的影响》报告。CME调查委员会于第二天发布了《CME调查委员会1987年10月19日下跌事件初

---

* 本文选自曾任纽约证券交易所独立董事及美国证券交易委员会（SEC）委员的罗博塔·卡梅尔（Roberta S. Karmel）1988年的同名报告，由中国金融期货交易所尹小为、沙石于2015年9月编译。当时中国股市异常波动行情仍在继续，对市场危机的反思即将开始。这篇文章通过介绍美国股市危机反思中各种观点的撞击，展现了当时美国市场反思的及时性、广泛性和讨论的公开性，可资借鉴。

步报告》。1988年1月8日,由尼古拉斯·布雷迪领衔的总统最高委员会发布了事件相关报告——《总统特别工作小组的市场行为报告》(又称《布雷迪报告》)。SEC与CFTC作为直接监管交易市场的联邦机构,也先后发布了自己的研究结果,包括《1987年10月市场崩盘》(1988年2月,SEC市场监管司)、《1987年10月股指期货及现货市场活动》(中期报告1987年11月9日,终稿1988年1月,CFTC经济分析司、交易市场司)、《1987年10月股指期货市场金融监管的后续报告》(1988年1月,CFTC交易市场司)。美国审计署于1988年1月也发布了研究报告——《1987年10月崩盘金融市场初步观察》。以上政府监管部门及交易所发布的报告也是本文参考梳理的主要对象(学界的相关研究则暂不在此列)。

短期内陆续发布的报告促使美国国会就市场崩盘事件开展调查,进一步形成了更多的研究成果。然而,行业与公众对于一个致力于放松管制、服务于选举的政府能否针对市场崩盘出台强有力的针对性措施,仍然心存质疑。

各方研究的"罗生门"现象

布鲁克林法律学院教授、纽约证券交易所独立董事及前任美国证券交易委员会(SEC)委员罗博塔·卡梅尔(Roberta S. Karmel),于1988年6月22日发表了关于危机后各研究的综述文章。文章回顾了政府监管部门及自律性交易所系列报告中最为重要的研究建议,并评估了证券及金融期货市场的监管改革前景。总体来说,此次危机后研究结果主要包含两项互为矛盾的结论:第一,股票市场与期货市场实质上是一个市场,因此两者应当被更好地整合起来,从而提高市场效率;第二,由于衍生品可能会对现货市场产生影响,因此期货市场和现货市场应当被更严格地隔离或对当前市场结构作出改变,以避免对股票市场资本形成功能的侵蚀。

上述提及的研究都高度认同改革的必要性,指出互为竞争关系的监管机构无法协调监管,会招致更大的灾难。然而,各项研究却没有对如何构建新的监管体系或哪家政府部门负责实施解决方案达成一致。各方政治与经济利益在其中起的作用似乎比公众利益更大，畏惧改革进一步扰乱市场的忌惮与消极维持现状的担忧几乎持平。但无论如何，1987年10月的危机至少在一定程度上源于政府所监管的金融产品及市场制度缺陷，而市场自身在没有政府干预的情况下很难自己纠正这些问题。

在黑泽明导演的经典日本电影《罗生门》中，不同当事人对同一死亡事件给出了四个全然不同、互相矛盾的解释。"罗生门"一词也因此在英语中表示对事件真相的主观论断。危机后的研究中同样出现了这一现象，可以说，所有的危机后研究都在一定程度上有所偏颇，而这些研究中存在的罗生门效应是否会影响市场的结构性改革，至少在当时尚无定论。

市场崩盘事实及崩盘原因分析

对于1987年10月市场下跌的简单事实，各方并没有争议，存在争议的问题集中于市场剧烈波动的原因，以及如何优化、改变市场结构的各项建议。

事件回放：1987年美国股灾事实研究

1. 期现货市场巨幅波动

1987年10月，证券市场与金融期货市场同时经历了异乎寻常的成交巨幅放量与价格剧烈波动。

1987年8月25日，包含30只NYSE股票的DJIA指数日内最高达到2746.65点。1987年10月19日，DJIA大幅下挫508.32点，10月20日达到谷底的1708.72点，较8月25日最高时下跌逾1000点（37%）。股指期货市场也同步发生了大幅下跌事件。标普500期货12月合约（SPZ）价格在1987年10月经历了较标的股票市场更为极端的波动，1987年10月，SPZ价格最低达到181点，跌幅达44%，相当于DJIA下跌至1443.53点。进一步地，尽管股指期货的理论价值在通常情况下较现货价格略有升水，但10月19~28日，期现价格关系发生了反转，期货价格较现货价格出现了深度贴水现象。

2. 流动性缺失，衍生品市场暂停交易

1987年10月20日，市场波动仍在持续，而价格变化已经如过山车一般，约在中午时分，在强大的卖压之下，证券市场与期货市场的做市力量都不堪重负，前者已经超出了后者的承载范围。芝加哥期权交易所（CBOE）规定，必须在期权标的指数80%以上的成分股正常交易时，其对应期权产品才可开展交易，因此，在现货市场实际大部分股票停止交易的情况下，CBOE在上午11点45分暂停了交易。由于NYSE不断有个股停止交易，且出现了NYSE即将停止全市场交易的流言，12点15分，CME股指期货宣布暂停交易。许多股票停止交易是因为广泛的信用崩盘，市场处于恐慌之下，部分清算所和主要市场参与者可能出现财务违约的流言广为传播（但实际上这些流言是无稽之谈，并没有事实依据）。

10月20日午后不久，市场行情快速回升。12点20分到1点，DJIA反弹了118点，日内回升102.27点。在短短20分钟的区间内，约从12点半开始，当时还在交易的CBOT的主要市场指数（MMI）期货大幅回升了约90点，并由60点的贴水状态扭转为12点的升水状态。MMI主要基于20只蓝筹股票，其中16只是DJIA的成分股。CBOT并未暂停MMI期货交易，因为MMI 20只成分股中的17只仍在正常交易中，这也是12点35分至1点5分之间唯一还在继续交易的股指期货。由于MMI在"糟糕星期二"的异常行情，CFTC也对其开展了或有市场操纵的调查，但并未发现任何操纵市场的迹象。

10月19日的成交量和价格跌幅一样令人震惊，创纪录地达到了6.04亿股，成交额接近210亿美元，10月20日的成交量更高，达到6.13亿股。在10月19~28日的一周内，NYSE股票交易规模达到了历史峰值，约为此前最高成交记录的两倍。

市场崩盘的原因分析

1. 市场崩盘的外部原因分析——宏观经济因素

各方报告都认同,市场崩盘的内在原因不是单一的,经济因素在其中起到了很大作用。《布雷迪报告》指出,股市急跌主要是由市场预期之外的高额贸易逆差导致的,这一因素使利率快速上升;而同时期众议院筹款委员会发布的税收立法提案导致了一系列原定为被收购对象的股票价格重挫。CME的报告则认为,从GNP增长、利率上调来看,1987年全球经济基本面走弱,然而大部分国家的股票市场价格却持续上升到了历史高位。NYSE的报告表示,市场当时形成了1987年8月是股市高点的共识,在黑色星期一之前的一段时期内,市盈率始终徘徊在较高水平,均值达到了约23倍,投资者都预期股市即将出现一波价值调整。

SEC的报告对市场参与者开展调研,并归纳了投资者所认为的股市下跌触发因素,主要包括:(1)利率上升;(2)美国贸易逆差及财政赤字;(3)1986年及1987年前8个月的股票估值过高;(4)美元贬值。而税法议案将对用于财务收购的债务利息扣减征收重税,也被认为是引致股市快速下跌的可能因素。CFTC中期报告中将波斯湾日益紧张的国际关系也列入股市下跌的引致因素之一。

2. 股指期货影响之争

政府主导的危机后研究并未深入讨论股市崩盘的宏观经济原因,也无意将股市下跌的责任归咎于国会或政府。危机后的一段时期内,政策制定者几乎没有就崩盘的潜在经济原因作出任何补救措施,财政及贸易失衡的问题没有得到解决,而证券市场与期货市场的杠杆交易和投机行为也并未受到管制。政府官员和交易所发布的报告反而不断地质问金融衍生品是否是引致市场崩盘的元凶,而他们给出的答案也南辕北辙。

代表政府最高层观点的《布雷迪报告》认可期货市场与现货市场联动的积极作用,该报告认为股票与衍生品(股指期货和股票期权)构成了一个完整的市场，但是由于在1987年股灾事件中，这些市场组成部分无法作为一个完整市场发挥作用，促成了严重的崩盘现象，使金融体系几近崩溃。该研究也批评了NYSE禁止经纪交易商（Broker-dealers）使用自动订单转送及成交回报系统（DOT）[①]执行自营的指数套利订单，因为这一做法阻断了期货市场与现货市场的关联。

代表期货市场监管的CFTC在中期报告中持类似观点，同样指责NYSE对期现套利程序关闭了DOT系统，CFTC发现与期货相关的交易并不是NYSE在10月19日那一周成交量中的主要部分。CFTC认为，如果没有期货市场提供的对冲功能，股票现货市场的实际下跌幅度可能会更大。CFTC最终报告进一步指出，股指衍生品并没有直接引起或推动10月19日席卷证券市场的抛售浪潮。相反地，CFTC将市场下跌直接归咎于10月19日开盘后半个小时内一家共同基金抛出的高达1750万股的卖单，这奠定了当天市场急跌的抛售基调。此外，CFTC还表示，通过分析交易数据，没有实证结果能够证明期货市场的套期保值和指数套利引致了股票现货价格的技术性螺旋式下跌。

而代表股票现货市场监管的SEC则承认，期货交易及策略不是引致市场崩盘的唯一原因，但依然指出股指期货的存在和多种包含程序化交易的交易策略（指数套利、指数替代和组合保险）是加速和放大下跌效应的重要因素。这一结论主要基于SEC分析股指衍生品交易后发现的三项戏剧性趋势：第一，股指期货通常补充甚至经常替代股票市场，发挥了主要的股价水平发现功能；第二，期货策略的存在大幅提升了股票交易的速度和集中度；第三，此类策略增加了做市商的风险，并限制了其为股票市场提供流动性的能力。

[①] 为顺应下单指令电子化的趋势，NYSE于20世纪70年代早期引入了订单转送及成交回报系统（Designated Order Turnaround, DOT），直接把交易所会员单位的订单簿与交易席位联系起来，直接通过电子方式将订单传至交易席位，然后由人工加以执行。

与此类似，期货交易所与股票交易所对衍生品在市场崩盘的作用各执一词。CME调查委员会表示，没有发现期货引致1987年股价上涨或加剧崩盘危机的证据，股指期现套利也并未在崩盘中起到主要作用。期货市场并不是引致股票市场下跌的原因，而是现货市场卖压的净吸收者（Net Absorber）。尽管组合保险可能是引致股票现货抛售的因素，但由于策略使用者都明白"在投资者大批撤出市场时，将无法执行连续平滑的卖出价格"这一道理，因此，市场上不存在过度使用这一策略的问题。NYSE的报告结论则更加谨慎，其着重讨论了期货交易策略引致的心理效应。报告指出，在"黑色星期一"当天及之前的一段时期内，并没有发生预期之外的重大金融、政治危机，NYSE在报告中这样表述："由于不存在外部触发事件，这使我们更难解释市场崩盘的原因。因为这说明，金融市场的脆弱性超出了我们的预期。鉴于股指期货市场的可观成交量及良好流动性，其在一定程度上会促使机构投资者依赖期货快速从股票投资中脱身，因此股指期货可能推动了股票现货市场的快速下跌。"

尽管外界希望GAO能够对CME和NYSE的说辞作出中立判断，但GAO却并未对股市崩盘中期货发挥的作用给出评价。GAO在报告中指出："对于指数套利、组合保险及其他期现关联的交易策略在1987年股灾中究竟扮演何种角色，市场可能存在着广泛争议。然而，危机期间期货价格与现货价格间的关系屡次受到这些交易策略和市场中断的扰动，这对投资者心理的影响似乎是显而易见的。"

市场监管及机制优化的建议

市场结构及监管建议：单一市场、单一监管部门假设

1. 期货市场与现货市场关联性之争

《布雷迪报告》从国家整体成本效益的角度提出，股票市场、股指期

货市场与股票期权市场尽管在传统上被视为互相分隔，但这些市场实质上是统一的单一市场。1987年股灾的发生很大程度上就在于这些市场组成部分未能作为一个整体发挥功能。

然而，SEC与CFTC在期货市场与现货市场关联性方面的观点则更为保守，这或许是因为如果两者被认为是单一市场，它们将不可避免地成为单一的监管部门。期货监管部门CFTC表示，期货市场和现货市场只是在相对有限的程度上存在着相互作用、统一互补的关系。《布雷迪报告》指出，尽管一些人认为，股票市场是一个投资市场，而期货市场则是风险对冲或动态组合调整的市场，但是主要机构投资者和经纪交易商在实施短期投资组合策略时，还是会将期货市场及现货市场视为可互相替代的统一等同市场，并在具体运用时综合考虑两者的相对交易成本、市场流动性及市场价值。证券监管部门SEC所持的观点则是，证券市场与衍生品市场是互为关联或互相统一的，但两个市场各自都已具备了适当的独特产品、监管体系、运作程序及交易系统。

2. 优化市场监管体系的建议

衍生品与股票现货是一个统一市场还是相互独立的市场？这个问题对危机后提出的监管合并建议来说影响深远。

在布雷迪委员会看来，期货市场和现货市场作为一个实质统一的市场，需要单一的监管部门处理跨市场的问题。在此基础上，其在报告中分析了几种可行的方案：一是SEC作为中央监管部门统一监管股票、股指期货及期权；二是SEC和CFTC通过合并或其他方式联合行使监管责任；三是设立全新监管部门，该方案被布雷迪委员会直接否决。最后，委员会建议由美联储理事会（FRB）这一在美国市场上最有经验、最富声望的独立机构承担跨期现市场的监管职能。然而，时任美联储主席的格林斯潘很快拒绝了这一提议，指出美联储理事会因专业知识不足而难当大任，并且此举易使舆论误以为联邦安全网已经延伸至证券市场和清算机构,这对市场化运行及风险控制来说绝非幸事。格林斯潘进一步指出,可以通过整合SEC与CFTC的相关部门或是SEC、CFTC及美联储或财政部联合监管,达到同等的联邦监管效果。

意料之中的是,CFTC为美国市场监管现状进行辩护,表示监管体系整体上有效地阻止了更为广泛的危机。因此,没有必要对这些监管体系作出任何重大的结构性调整。尽管其认可了危机中监管机构间合作卓有成效,但CFTC仍批评NYSE在10月19日个股停牌及10月20日整个市场频临暂停的过程中缺乏与其他机构的合作。

SEC对监管合并存在分歧。根据3比2的投票结果,SEC表示,考虑到跨期现市场的监管决定(例如需要在危机发生时及时在两个市场采取交易暂停、反操纵、遏制提前交易等措施)至关重要,因此建议由SEC对权益相关产品实施最终监管权。SEC认为,美联储在股票现货与期货方面都不具备行使上述监管决定的充分专业知识。SEC还建议,将SEC对CFTC所监管的股指期货的评估审查职能扩展至所有已有及新挂牌合约,并将此类产品对股票市场有序运行的影响纳入审查考虑范围。

GAO依旧没有就这一复杂的政治问题表态。尽管其敦促尽快优化跨期现市场的监管机制,但GAO表示,在当前时点上,并不建议由任何单一实体行使这一职能,GAO并未就布雷迪委员会建议美联储承担跨期现市场监管职能作出评论。

市场机制及效率优化的建议

尽管各方在多个问题上意见相左,但危机凸显出美国市场机制及效率亟待优化,这一点得到了各方的共识。

1. 场内证券市场、NYSE的效率及制度优化建议

在争议性议题上并无立场的GAO对NYSE提出了批评,认为其未能预料到日均成交量高达6亿股的极端市场情形,也没有配备足以承载这些巨

大成交量的计算机系统。GAO同样指出了SEC未能有效监控NYSE的自动订单处理系统。

SEC检查分析了NYSE及其他交易场所与系统效率有关的一系列问题，并对优化流动性承载能力的系统扩展方案提出建议。SEC的其他建议旨在提升证券市场效率及流动性，包括提高市场专家等做市商的资本金要求、优化清算交收流程等。CFTC也高度关注交易的连续性和交易数据的报告流程，并提出了改善银行及清算参与者关系的措施。

2. 场外市场、NASDAQ系统的效率及制度优化建议

布雷迪委员会及SEC都发现，交易系统的低效使国家证券交易商协会（NASD）自律监管的场外市场流动性也出现恶化。

《布雷迪报告》从参与者的角度指出，做市商撤出市场在一定程度上使市场流动性缺失问题激化，在10月19日这一周内，相当一部分场外市场做市商正式撤出做市业务，而其余做市商尽管名义上仍承担做市职能，实际上却没有接听客户的交易委托电话。

SEC则着重批评了NASDAQ[①]系统存在的问题。在危机期间，由于系统对大量股票卖出报告的延迟和积压，市场上同时出现了价格锁定[②]及价格交叉[③]的异常现象，NASDAQ系统内许多优质股票的有效定价机制已经失效。SEC同样对NASD未充分推行小额订单执行系统（SOES）提出批评。SOES建于1984年，初始的目标是一个为散户服务的系统，当时并没

---

① 以成交额计算，NASDAQ系统当时是世界上第三大证券市场。

② 价格锁定（Locked market），是指美国市场内多家交易所共同产生的某只股票最高买价等于该股票最低卖价的情形，即此时美国股票市场的最优买卖价差（NBBO）为零，市场如同呈现锁定状态。

③ 价格交叉（Crossed market），是指美国市场内多家交易所共同产生的某只股票最高买价高于该股票最低卖价的情形，即此时美国股票市场的最优买卖价差（NBBO）小于零，市场出现了价格交叉的情况。

有要求所有的做市商使用,这在一定程度上导致了危机状况下散户投资者难以通过做市商执行交易的结果。

预期到这些负面评价,NASD已先于SEC的报告提出建议,计划修订对NASDAQ做市商的监管规则,要求其必须使用SOES以改善NASDAQ及SOES系统表现,从而确保做市商在极端市场下仍然可以以自营账户开展连续交易、履行做市义务,使投资者指令能够在市场下跌、成交量放大的情况下及时得到执行。SEC并未对NASD的提案作出评论,而是建议其实施更为深远的改革方案,包括将NASDAQ做市商公开报价单位由100股提升到1000股等[1]。

3. 促进期现市场联动机制的建议

第一,期权市场制度优化。

期权市场的重创也引起了各方的研究关注。《布雷迪报告》认为,期权市场的做市商没有发挥稳定市场的重要功能,这可能在一定程度上增加了其他市场的压力。SEC也批评了期权市场在10月19～20日之间缺乏连续性及定价异常的问题,并提出了一系列建议,包括更改开盘循环流程、优化小额订单执行系统、促进CBOE及NYSE之间的通信沟通等。

第二,完善现货卖空机制。

期货市场和现货市场规则中另一个引发关注的问题则是卖空监管。为防止卖空引致股票快速下跌,SEC的卖空规则禁止以低于最新卖出价的价格卖出股票,即股票卖空的价格必须高于最新成交价,这被称为"报升原则"(Up-tick rule)。然而,在期权市场和期货市场上并不存在类似规定。SEC认为,在极端情况下投资者更倾向于在衍生品市场上进行卖空操

---

[1] SEC出台法规,要求做市商必须将低于1000股的交易订单送到小额订单执行系统中进行撮合,利用计算机系统来纠正单边市场中做市商无法为个人投资者提供流动性的问题。目前,小额订单执行系统已被处理能力更强的交易系统替代。

作，而期货市场的做空卖压更容易导致现货市场的卖盘增加。这并不符合报升原则的宗旨。此外，报升原则在极端情况下影响了期现股指套利的效率，由于融券卖空面临价格限制，因此期货价格呈现贴水，难以实现期现货市场的均衡关系。布雷迪委员会和SEC都建议从跨期现市场监管的角度修订报升原则。

第三，促进期现货市场运行机制的一体化。

遵循单一市场的思路，《布雷迪报告》为优化市场运行机制，从市场一体化的角度提出了以下建议：一是为降低金融风险合并清算体系，建立监控交易及市场情况的信息体系；二是统一保证金要求，从而控制投机及金融杠杆过剩问题；三是建立保护市场的熔断机制。但其中除了第三项建议外，其他两项并未得到广泛认同和实际实施。

市场机制创新

传统上，证券交易所通过对融资融券交易的管理来降低价格过度波动风险。而衍生品交易所则通过价格涨跌停板和持仓限制防范市场价格风险。1987年股灾的发生促使监管部门和市场从促进期现市场连接互动、优化期现套利机制、提升价格发现功能的角度，提出了前所未有的创新性价格稳定制度。

证券及期货市场熔断机制

1. NYSE危机中富有争议的指数套利限制措施

自1987年10月发生股灾后，证券交易所与期货交易所都在一定程度上提高了股指产品的保证金要求。此外，NYSE还对指数套利实施了额外限制：在DJIA日内下跌50点时，套利交易者必须手工执行指数套利操作，而不能使用NYSE自动化的DOT系统。这一包含触发条件及限制交易的规定与危机后提出的熔断机制有异曲同工之处。

行业的一项共识是，指数套利本质上的隐含条件是股票期货市场与现货市场应当处于持续的平衡状态，这一平衡机制会使期货市场成为成本更低的价格发现市场。因此，NYSE的这一限制措施在发布之初便引起了市场争议。对于限制指数套利到底是平抑还是扩大市场波动，各方存在显著分歧。

反对者认为，指数套利的限制将切断期货市场与现货市场间的联系。这将降低股票指数价格发现的整体效率，拖慢了期现市场均衡的过程。《布雷迪报告》是其中较有代表性的研究，报告批评了NYSE阻断期货市场与现货市场关联的做法，转而提出了暂停交易的跨市场熔断机制。

与此同时，也有部分人支持限制指数套利的措施。由于股指期货并不进行指数成分股实物交割，这些支持者对期货市场的价格发现功能并不完全相信。他们还认为，除非现货市场与衍生品市场的保证金水平一致，否则这可能给证券市场注入更高的杠杆与投机气氛。该措施的支持者甚至认为NYSE的限制措施力度不够，因为即使触及50点的触发条件时，指数套利操作仍能以手工方式持续开展。

2.熔断机制的首次提出及市场评价

《布雷迪报告》首次提出建议，应设立一项跨市场的熔断机制。但SEC对此持反对意见，这是因为美国金融行业长期反对人为限制价格及仓位变化的做法，认为连续的竞价市场才最符合投资者的利益。

1988年3月18日，美国总统要求SEC、CFTC、FED三家机构的主席及财政部部长组成金融市场工作组，工作组须在一段时期内提出防范危机再现的跨市场应对机制。最终，工作组提出的唯一实质性方案就是建立市场熔断机制。方案提出，当DJIA下跌250点时，所有股票及期货交易都暂停1小时；当DJIA下跌400点时，则全市场交易暂停2小时。尽管这一提案较前期其他报告中的监管意见已温和许多，但仍然引起了广泛争议。

争议原因主要包括以下几点：第一，期现市场的暂时性休市并不能起到提升市场效率或促进期现市场统一的作用。危机后，各方对做市商的批评集中于，其在市场危急情况下大举撤出市场，引致市场流动性骤失。一方面，监管规则难以用强制手段，强迫做市商在急跌时冒着耗尽自有资本的风险继续承担做市职能；另一方面，全市场暂停交易的熔断机制已经是市场失灵、政府介入干预的信号。第二，当时并没有对全市场即刻休市的法律基础。第三，缺乏禁止投资者和海外市场交易的正当依据。第四，不利于中小投资者。市场认为，在DJIA即将触发熔断条件时，可能会出现所有投资者都作出集中卖出决策的现象，而具有专业及技术优势的机构投资者成功执行交易的概率更高，散户投资者的利益将因此受到损害。

尽管市场对熔断机制的效果和依据存在争议，但这一价格稳定制度的合理性仍然得到了监管部门的认可。1988年10月19日，美国商品期货交易管理委员会和证券交易委员会批准了纽约股票交易所和芝加哥商业交易所关于设置熔断机制的申请。最早的熔断机制主要以DJIA指数相对季度最后一个月平均水平下跌的绝对点位为触发熔断依据，此后到1998年，首次将季度升降幅度作为熔断基准，并引入了10%、20%、30%的三段式触发机制。由于该机制在2010年美国股市"闪电崩盘"中都未被触发，引发了社会对其熔断触发要求是否过高、无法有效抑制波动的质疑。为此，SEC于2012年批准了新的股指熔断机制，标的股指由DJIA变为标普500指数，参考价格由季度最后一个月的月均水平变为前日收盘价，三段式触发基准也分别缩小为7%、13%、20%，交易暂停时间缩短至15分钟；此外，引入了针对个股的"限涨—限跌"熔断机制，防范局部性的价格过度波动风险。

一揽子股票交易：指数ETF的出现

1. 对股指期货的看法及原因

随着专业知识与交易策略的发展，投资者开展股指交易的热情日渐高涨，因此，通过股指期货管理风险的需求也变得越发迫切。基于这一原因，尽管各方在危机后的报告中对股灾原因及改革措施的观点各不相同，但所有研究报告都充分肯定了股指期货交易和套期保值的合理性，没有任何一份报告建议废除股指期货这一风险对冲机制。

卡梅尔认为，SEC与CFTC之所以在股指期货对股灾的影响方面产生了明显分歧，可能主要是因为监管分割问题。美国市场在2000年达成沙德-约翰逊（Shad-Johnson）管辖协议后，将期权及金融期货的管辖权分别交给了SEC与CFTC。CFTC所监管的股指期货有一项主要特征是非实物交割。尽管SEC可以对CFTC批准的股指期货新品种表示反对，但并不具备阻止新品种获批上市的否决权。因此，SEC及其相关机构发表的报告中或多或少暗示着指数期货对股票现货市场构成威胁，并据此提出建议，由SEC掌握对股指期货新品种及修订已上市品种规则的否决权。与之相反，CFTC则从其自身立场，指出了股指期货在股灾中为稳定市场表现出的积极作用。

2. 提升对冲效率的一揽子股票交易

改善现货市场与衍生品市场的相互作用机制是危机后各方关注的焦点。其中，一揽子股票交易机制（或允许股指期货进行实物交割）被视为最重要的改善措施，NYSE与SEC的报告中均提到了这一建议。一揽子股票交易机制使机构投资者能够通过不同于期货杠杆交易的方式，开展股指交易及投资组合对冲，进行更为简单可靠的风险管理。

1989年，ETF的前身——指数参与份额（IPS）在NYSE和费城证交所上市交易。然而，CME和CFTC对两家证券交易所提出诉讼，认为IPS是期货合约，IPS以失败告终。此后，NYSE于1993年推出了第一只真正意义上跟踪标普500指数的ETF——SPDR，它至今仍是世界上规模最大、最受欢迎的ETF。

危机后研究总结及其启示

危机后研究的"罗生门"现象

1987年10月19日的股市下跌确实是难得一遇的灾难性事件。尽管股票市场在名义上仍维持运行,但从微观指标来说,市场已经完全丧失了流动性和价格连续性,多数个股和股票衍生品都已停止交易,离完全闭市仅一步之遥。

而在危机后的研究中,不同的监管部门和自律性组织在报告中用了大量的篇幅互相推诿,认为其他人才是市场混乱的罪魁祸首;而在导致股市下跌的外部力量(主要包括严重的宏观经济问题和机构投资者行为)方面,各方研究则笔墨寥寥。《布雷迪报告》提到,一小部分机构投资者在10月19日和20日的交易行为具有推动市场下跌的影响。尽管这些机构大多是SEC监管的共同基金或是劳工部监管的养老保险基金,但这些机构的报告却都没有建议对此类机构的指数套利或组合保险交易进行限制。

意料之中的是,SEC和CFTC均未将股灾原因归咎于政府监管分割决策的失误。但实际上,割裂期货市场与现货市场监管的决策使两个市场的监管问题更为突出。同样,证券交易所和衍生品交易所也没有在报告中指责任何客户或会员交易行为不当,而这两个市场中的主要参与者和会员企业都是同一批人。这是因为定价权的主导地位是危机后争议的核心,与之相关的经济与政治博弈也同样存在于交易所的场内交易者中。

在这一背景下,卡梅尔判断,如果市场保持相对可控的波动状态,那么各方很有可能采取一些温和调整的结构性改革措施,使现货市场与衍生品市场的交易联动更为紧密。除非国会出现政治变革或是经济环境和股市发生了更为严重的危机,否则,监管机构将不太可能实施大刀阔斧的改革措施。危机后的事实也确实如此,《布雷迪报告》提出的多项建议中，只有熔断机制一项在全市场得到了实施。

危机后研究"罗生门"现象的启示

"罗生门"现象给我们的启示在于，真相处于隐匿之中且扑朔迷离，这与人性中普适的悲剧性弱点不可分割。在危机后的研究中可以看到，无论是华盛顿、纽约还是芝加哥的利益相关方，在当时都不具备足够的政治领导力去直面散落在各个报告中的股灾真相，无法推行解决市场问题的具体措施。而在这个过程中，最终的受害者是那些存在实际资金需求的企业和养老基金的投保人。

卡梅尔认为，资本市场的诸多问题只是政治和金融失序的表面症状。她对美国证券市场的优化提出了如下意见：首先，在美国的市场环境下，无论以何种方式，证券与衍生品监管都应当进一步整合。其次，金融市场中的杠杆交易和过度交易都应当受到控制。为此，对金融市场的严格监管应当重获政治上的重视。她指出，所有流向总统候选人和SEC、CFTC成员的竞选捐款都应被视为推行金融改革的绊脚石。再次，监管部门应当高度关注机构投资者有可能具有破坏性的交易习惯（如程序化交易等）。最后，经济基本面是金融市场之本，而金融监管的改革对财政预算、贸易赤字、居民储蓄率毫无积极影响。因此，在国家改善基本经济问题之前，维护股票市场的稳定性只是空想。

当然，卡梅尔的上述观点只是一家之言，或许也是危机后研究"罗生门"现象的又一例证，文中的许多论断也建立在美国当时特有的政法体系及市场机制之上。但其对美国1987年股灾危机后研究的综述及原因分析，为我国反思这段时间以来的金融市场问题、思考下一步优化机制提供了有益的参考与启示。

第一，追根溯源，厘清危机发生原因。与美国1987年股灾类似，我国股票市场在最近一段时期内同样经历了价格巨幅波动及流动性危机，股票价格在短时间内大幅跳水，大面积跌停和停牌使股票现货指数价格严重扭曲，引发了广泛的市场恐慌。对于此次股灾爆发的直接原因，较为一致的观点是前期市场的大量杠杆交易使市场估值过高，去杠杆的过程过快令股价快速下跌，引发了市场的恐慌杀跌情绪。而在后期反思中，应当进一步从源头上分析危机发生过程，透过高估值、高杠杆的表象，从宏观经济变化、市场参与者行为、交易机制等多个角度考虑引致股市下跌压力发酵扩大的深层原因。

第二，兼听则明，全面客观地看待危机影响和市场机制凸显的问题。正如卡梅尔提出的"罗生门效应"，任何一家机构的危机分析都无法做到完全客观地反映事实真相。对危机影响及市场问题的分析应当兼听则明，在研判观点的同时考虑其研究背景，从辩证的角度看待股指期货的积极功能及或有的负面影响，客观认识期货市场与现货市场应有的平衡关系，直面危机中凸显的问题。这些问题包括现货市场在高杠杆环境下的买空卖空机制不对等引致股价单边上涨虚高，期现货市场套利机制不完善阻断市场平衡，对期货深度贴水的错误解读引致投资者恐慌情绪，缺乏流动性供给机制，过度依靠政府救市，中小投资者风险意识薄弱等。要研究如何通过全面的机制优化，扬长避短，尽可能发挥金融衍生品市场交易机制在价格发现、风险管理等领域的积极作用。

第三，去粗存精，完善市场机制、提升市场效率。美国监管层在股灾后很快从做市商监管机制、交易系统优化、市场制度创新等方面采取了措施，其提出的熔断机制、ETF等创新性制度对全球证券市场的稳定发展产生了深远影响。我国也应考虑结合市场实际情况，积极优化市场机制，完善融资融券机制防止单边杠杆，逐步放开现货市场的日内回转交易（T+0），从而进一步打通期货市场与现货市场的自发平衡关系，避免信息的传导过度与传导不足；针对危机中流动性断裂的问题引入做市商制度，建立极端情况下维护市场流动性的危机处置完整机制；针对危机中仍在持续的价格过度波动引发市场恐慌的问题，参考主要市场放宽涨跌停板限制，引入个股及市场的逐段熔断机制，使市场以更为理性的方式和相对完善的准备，消化突发的价格行情。

我国证券市场尽管在资产规模方面已位居全球第二位，但证券市场和期货市场的制度建设和功能发挥仍任重道远，如何以精细化的制度管好这个大市场，这次真实的剧烈波动事件为我们提供了难得的全面反思机会与优化整体市场效率的宝贵契机。

十年之际：1987年以来美国证券市场的监管发展 *

之所以将这篇文章呈现给读者是因为它和本书的主题有关。1987年，还处于成长期的金融衍生品（主要是美国标普500股指期货和期权），成为当年美国1987年股灾之后美国监管部门深入检讨、市场舆论广泛争论的焦点。这篇文章中关于当年市场危机成因的客观分析、危机后的市场机制和监管改革以及相关结论对我们重新认识中国2015年股市极端行情、后续关于金融衍生品意义和作用的讨论以及期货市场和现货市场交易机制的优化有一定的借鉴意义。

美国股票市场的恐慌性暴跌至今（指1997年）已经10年了。对此次崩盘的诸多回顾、讨论和分析，逐渐形成了一个共识，即金融系统某些方面的严重问题导致了这次危机。自从1987年10月以来，监管机构和交易所实施了一系列改革，旨在解决1987年股灾所暴露出的金融系统的问题。本文指出了1987年金融体制存在的一些问题，并且讨论了这些问题的现状。第一部分简单回顾了1987年10月19日股市崩盘及1989年10月13日和10月16日市场遇到的剧烈波动和股灾（迷你崩盘），并汇总了行业内最权威的研究发现和政策建议。第二部分我们列举了近10年来美国市场最为主要的监管改革措施，同时解释了这些改革措施与灾后权威研究、

---

* 本文原作者是美国证券交易委员会市场监管部总监理查德·林赛（Richard R. Lindsey）和市场监管部监察顾问安东尼·皮科拉（Anthony P. Pecora），1997。中国金融期货交易所沙石、崔熹、吴博强译。

政策建议的关系。本文最终结论是金融行业已经解决了1987年10月出现的相关问题，美国市场相比10年前也更为有效。然而，每一次金融危机的原因都是独特的，因此监管者和市场参与者都应共同努力完善市场，发现市场潜在问题，并且使这些问题在影响证券市场平稳运行之前得到及时解决。

背景

1987年大崩盘

1987年10月，美国证券市场经历了交易量激增和市场价格的剧烈波动。道琼斯工业平均指数（DJIA）在"黑色星期一"的两周前下跌了394.25点。在"黑色星期一"当日，即1987年10月19日，道琼斯工业平均指数再次大幅下跌508.32点，并在10月20日达到了最低点，比8月25日的最高点2746.65下跌超过1000点（37%）。然而，这次股市暴跌不仅局限于道琼斯工业平均指数，1987年10月，其他股票指数，例如标准普尔500指数下跌了21.8%，美国证券交易所（AMEX）、纽约证券交易所（NYSE）和纳斯达克股票交易所的综合指数分别下跌了21.9%、27%和27.2%。1987年的下跌幅度或许只能与1929年10月持续6天34%的跌幅相比。然而，这次大崩盘中价格下跌的速度之快，交易规模之大，和对整个金融体系的威胁之严重，是史无前例的。

对于1987年股灾爆发的原因至今尚无统一的结论。然而对于危机的催化剂，很多人认为是令人失望的国际贸易赤字和众议院筹款委员会提交立法宣布消除与企业并购相关的税收优惠[①]。这两件事或许是引发"黑色星期一"前一周股票遭受大量抛售的导火索。抛售压力在10月16日周

---

① Presidential Task Force on Market Mechanisms, Report of the Presidential Task Force on Market Mechanisms 15 (Jan. 1988).

五收盘前并没有结束,导致了周末抛售压力进一步累积,最终在接下来的一周内开始爆发。抛压主要来自投资组合保险交易者、少数共同基金和一些预期市场进一步下跌的投机交易商。

根据投资组合保险模型,在周五市场已经下跌了10%的情况下应当至少抛售120亿美元的股票。然而,在当天收盘时,投资组合保险交易者仅抛售了不到40亿美元的股票。而市场的抛售行为也影响了共同基金,因为这些基金设置了一系列程序以应对市场下跌情况下可能发生的客户赎回。共同基金在周五和周末被要求赎回的资金远远超过其现金储备,因此,它们也被迫必须在周一抛售大量股票。

而投机交易商的看空抛售又进一步加深了市场的恐慌。投机商希望在组合保险策略和基金卖出之前做空股票和期货,以期在低价回购获利。

1. 黑色星期一

恰如所料,市场在1987年10月19日面临了空前的抛售压力。主要市场指数(MMI)期货和标准普尔500股指期货在组合保险基金的抛售下开盘下跌。股票市场的过度抛售导致了大量订单失衡,这导致纽约证券交易所的场内做市商(Specialist)在开市后第一个小时内未能开盘交易。因此,在未能开市的时间段里,大量标准普尔指数和道琼斯工业平均指数成分股的价格依然是以上周五的收盘价计算的。这恰恰给了指数套利者期货大幅贴水的错误信号。基于这种贴水,指数套利者通过纽约证券交易所的自动订单路由系统(DOT)申请以市价卖出股票,并计划之后以买入大幅贴水的股指期货予以对冲。但当股市以极低的价格开盘以后,指数套利者发现他们以过低的价格出售了股票,因此紧急买入股指期货对冲现货头寸。所以,在上午11点时,期货出现升水,股市也开始了长达一小时的反弹。

但是,在上午11:40左右,投资组合保险的大量抛售抑制了之前的反弹。自上午11:40至下午2:00,道琼斯工业平均指数下跌了近9%,其中有超过一半的跌幅发生在市场开始流传纽约证券交易所可能会闭市的谣言之后。

下午2:00左右，由于自动订单路由系统的延迟和随后的股票组合卖单的无法执行，指数套利交易放缓，股市抛售压力也有所缓解。虽然这使市场抛压得到了短暂的缓解，但是指数套利者的缺席使原先期货价格和股票价格之间的主要连接机制被切断。最终，投资组合保险交易者对期货持续的抛售压力，以及无法有效通过DOT系统卖出股票并买入股指期货的指数套利者从市场中的撤出，共同导致了标准普尔500股指期货合约贴水20点。如此大幅的贴水反映了股票市场的悲观情绪和预期，抑制了买方的兴趣。随着买家快速离场观望，股票市场开始急跌，道琼斯工业平均指数在短短的75分钟内下跌了300点。

在收盘时，道琼斯工业平均指数共下跌508点（近23%），交易量达6.04亿股，交易额将近210亿美元；标准普尔500期货指数下滑了约29%，交易量高达162000万手，交易金额接近200亿美元。值得注意的是，当日创纪录的交易量主要集中在几家机构，在股票市场中，最大的4个卖家就已经占了整个市场交易量的14%；期货市场中，最大的10个卖家占了（除做市商之外）整个市场交易量的50%。

2. 次日

东京和伦敦的证券市场于美国股市19日收盘后发生了剧烈的下跌，激跌近15%。美国联邦储备委员会在20日股票开市前发表声明，称其将为金融市场提供急需的流动性。这份声明产生了一定的积极作用，证券市场和期货市场开市后强劲反弹。开市1小时内道琼斯工业平均指数上升了200点，标准普尔500股指期货合约开盘上涨10%至223点。期货市场的买盘来自那些想要抄底股市，但又对纽交所的下单速度持有顾虑的交易机构，以及听到芝加哥商业交易所的清算机构可能面临财务困难而关闭的传闻后想要平仓的交易商。

但是，期货市场的涨势突然于上午10:00左右停止，原因是投资组合保险投资者和交易员的大量抛售，这导致期货合约大幅贴水（数次达到贴水40多点），整个期货市场又一次直线下跌，上午10:00至12:15分暴跌了27%，而导致这次直线下跌的一大因素是指数套利者未能参与交易，而他们本应该在期货相对现货大幅贴水时进行买入期指的套利活动。纽约证券交易所禁止了其会员使用纽交所的DOT系统从事指数套利交易，以避免其他交易者的订单执行被拖延。因此，与周一下午的情况一致，期货市场和股票市场间最主要的联动机制被再次打破。

到中午，股市完全失去买盘支撑，并跟随期货市场一起下跌，抛售压力的范围越来越广。其中，最大的抛压来自机构，共同基金大量抛售以应对基金赎回，原来以卖出期货为主的投资组合保险交易者也开始直接卖出股票，另一部分抛压来自指数套利者。此外，期货和股票之间的大幅贴水，导致许多投资者担心股市会继续下跌。

由于股指期权中大量纽交所成分股20日早间没有交易，因此芝加哥期权交易所（CBOE）在上午11:45暂停了期权交易。芝加哥商业交易所也于12:15宣布暂停股指期货交易，除了因为纽交所有一些股票早间暂停交易外，还因为有谣言称纽约证券交易所可能马上关闭整个市场。芝加哥期权交易所和芝加哥商业交易所暂停交易反而给了股市一个反弹的机会（12:30）。首先，这消除了那些只允许出售期货的投资组合保险交易者的抛售压力。其次，因为大幅贴水的股指期货暂停交易，买方兴趣转向股票。最后，期市暂停交易使与期货贴水相关的负面信号被消除了。整个股市在45分钟内瞬间上涨了125点。

当期货市场在下午1点重新开盘后（贴水17点），道琼斯工业平均指数又一次下滑——在30分钟内下跌近100点。股市的下跌一直持续到下午一些蓝筹公司开始宣布回购计划。道琼斯工业平均指数在下午2:00至下午3:30上涨了170点。在最后30分钟里，程序化交易的卖盘使指数再次下降,收盘时,道琼斯工业平均指数当日收高近100点。

3. 关于1987年股市大崩盘的权威研究报告

股市崩盘之后,大量的学者开始研究1987年股灾究竟发生了什么,为什么会发生,以及如果可能的话,如何预防其再次发生。在这一系列报告中,最权威的包括由总统市场机制特别工作小组、证券交易委员会和总统市场机制研究组等撰写的研究报告。

(1)总统市场机制特别工作小组的研究报告

为了回应1987年10月的股灾,总统于1987年11月5日组织了一个总统市场机制特别工作小组(Task Force on Market Mechanisms,以下简称特别工作小组)。特别工作小组的任务包括:回顾关于美国证券市场当前和未来财务状况的相关分析;预判可能会威胁到短期流动性或市场长期偿债能力的问题;研究潜在的解决方案,以维护投资者信心,并确保自由、公正和有竞争力的证券市场有效运行;向总统、财政部部长和美联储主席提供适当的建议。

特别工作小组于两个月后发表了一份报告,即著名的《布雷迪报告》。就股市崩盘,《布雷迪报告》归纳了六点观察:第一,机构投资者机械而盲目地跟从投资组合保险策略的卖盘是导致股市崩盘的重要原因(或推手)之一。第二,为了应对大量赎回请求,一些共同基金不计价格抛售股票,其行为与投资组合保险交易者没有差别。第三,一些激进的投机交易商在上述机构抛售后发现有投机盈利的机会,便跟风抛售。第四,绝大多数抛售压力来自少数大型机构投资者。第五,股票、股指期货和股指期权这三个市场实际上是一个市场的组成部分。它们由金融工具、交易策略、市场参与者、结算和信贷机制等紧密联系起来。第六,危机中有多次出现了证券市场和期货市场两者完全脱离的现象,最终导致两个市场都直线下跌。

特别工作小组得出的核心结论是必须及时协调解决跨市场联动的问题。因此，特别工作小组提出了以下几点建议：

第一，应制定和实施熔断机制（如价格波动限制和协调一致的交易暂停）。

第二，应当建立和发展一个统一的清算机制来清算股票、股指期货和股指期权，从而促进跨市场交易的有效结算，并使跨市场的风险敞口得到正确评估，并消除跨市场头寸担保抵押的困难。

第三，应当建立信息共享系统，收集包括交易种类、交易时间和各主要细分市场最终客户名称等相关信息，以使潜在的问题和可能的市场操纵行为等能够被及时发现，也使市场危机形成的原因和特点易于识别。

第四，股指期货的保证金应与股票市场机构投资者保证金水平保持一致，包括交叉保证金。应建立与这两个市场风险和杠杆大致相匹配的保证金制度，以保持各市场的杠杆与投机交易的政策目标协调一致。

第五，因为危机的跨市场特征和对整个金融体系的重大影响，应成立一个特别机构来协调应对危机监管问题。

此外，特别工作小组指出了主管当局必须进一步审查的几个问题：一是应该从市场联动的角度来分析卖空的问题，因为在期货市场上的卖空压力将最终传导至股票市场，这可能与1934年《卖空证券交易法案》的10A-1条款有不协调的地方。二是应该从一个跨市场的角度，审查同一个或不同市场中做市商抢先交易（Front Running）[①]的问题。三是对纽约证券交易所的场内做市商的资本水平和他们的做市表现进行审查。四是在订单出现严重失衡的情况下，应首先考虑执行普通客户的订单，其次才是机构投资者和程式化交易者的订单。五是场内做市商的订单簿也应

---

① 做市商抢先交易（Front Running），指做市商在执行客户买卖委托前，先替自己的账户买卖的非法操作。

当公之于众。

（2）1987年股市大崩盘研究报告

美国证券交易委员会（SEC）主席责成委员会下属的市场监管部（以下简称监管部）对1987年市场崩盘的原因、影响以及可能产生的后果进行全面研究。监管部认为试图通过准确辨别投资者心理、经济发展和交易策略等综合因素来分析市场崩盘的原因可能是徒劳的。因此，监管部试图聚焦相关交易活动来分析股票、期权和期货的交易系统是如何促成市场的崩盘的。监管部于1988年2月发表了一个全面的报告——《1987年股市崩盘报告》。在报告里，监管部做了很多政策建议，这些建议涵盖以下议题：衍生品的影响；场内做市商；资本充足问题；发行人回购行为；交易所运营情况；期权市场；场外市场；清算和结算以及国际问题。

①衍生品的影响

监管部认为，尽管股指期货交易和与其相关的投资策略并非这次股票崩盘的根本原因，但是股指期货的存在以及各种投资策略包括程序化交易的使用确实是加速并加剧股票崩盘的重要因素。监管部指出了因股指期货交易而产生的三大趋势。第一，股指期货已经成为二级市场价格发现功能的补充，甚至替代了二级市场成为股票市场的主要价格发现机制。第二，股指期货市场催生了大量的机构交易策略，大大提高了股票交易的交易速度和集中度。第三，由此带来的指数套利和组合保险交易增加了场内做市商的风险，其交易规模经常限制甚至超过了场内做市商为证券市场提供流动性的能力。

为了解决以上问题，监管部建议委员会和纽交所研究建立一个单独的场内做市商来执行所有的股票组合交易。监管部还建议与商品期货交易委员会共同评估使股指衍生品的杠杆率和股票交易杠杆率协调一致，采取股指期货实物交割以及提高期货交易保证金的可行性等。此外，监管部要求加强股票和股指期货产品之间的协调，例如当一定比例股票指数中成分股开始交易前，限制股指期货和期权市场开市，或当股指成分股中一定比例的股票出现交易暂停时，也暂停相应指数衍生品的交易。

监管部指出衍生品市场没有限制做空的制度，加之较高的期货杠杆，可能导致比证券市场更大的投机抛压。此外，期货市场的抛压经常通过指数套利交易传导至股票现货市场。因此，监管部建议SEC评估是否将降低价格波动率作为（指数衍生品市场）卖空规则的目标，如果答案为是，是否应该采取措施来增强该规则的有效性。

最后，监管部提到由于没有一个完整的、可参考的指数类产品交易记录数据库，对市场崩盘的详尽解析是很困难的。因此，监管部建议重新考虑建立一个与商品期货交易委员会大户持仓报告制度类似的系统，以监测股票市场中的大额指数类交易。此外，由于没有对程序化交易的监测报告，监管部建议考虑如何将程序化交易报告整合到系统目前的最终卖出报告（Last Sale Reporting）[1]系统中。

②场内做市商

总的来说，监管部认为场内做市商基本上履行了义务和达到了要求，维护了市场的公平秩序。然而，监管部对一些场内做市商的表现表示质疑，并且要求交易所进一步审查。因此，监管部建议美国证券交易所和纽交所对场内做市商采取新的客观评价标准。

监管部认为交易所对其场内做市商设置的最低净资本要求不能满足维持不同股票交易公平秩序的需要，建议交易所考虑提高场内做市商最低资本金要求，同时探讨这些"自清算"做市商必须保持一定的银行或其他贷款机构的信用额度的可能性，以应对市场动荡时的资金需求。

---

[1] 最终卖出报告（Last Sale Reporting），即当交易超过一定数额后，必须在交易发生后90秒内将成交价格和成交量报告给交易所。

③资本充足问题

虽然在1987年的市场崩盘中只有一家大型机构根据《证券投资者保护法》被清盘，但是监管部仍提出了三项与经纪商净资本要求相关的建议。第一，需要重新评估如下几类经纪商的最低净资本水平：代理客户交易的经纪商、将客户在完全公开的基础上介绍给另一经纪商的介绍经纪商、为场外证券进行做市交易的经纪商。第二，需要重新评估，除了期货保证金之外，是否应对经纪商计提与其期货头寸相对应的资本金。第三，应该重新评估经纪商持有权益类证券资产的资本金计提水平和结构。

监管部也分析了股灾期间的银行借贷行为，它们认为美联储和美联储纽约分行鼓励主要银行继续向证券公司融资以防陷入流动性危机的行为是正确的。为了减少未来发生股灾危险，监管部认为自监管组织应与其会员讨论和多家银行建立更广泛借贷关系以及获得比现在更多授信额度的可行性。

监管部还分析了期权做市商资本金要求的问题，发现一些期权清算公司由于日内变动追加保证金、难以从银行融资以支持其股票或期权仓位、返还借券出现困难以及做市商从其账户中取用自有资本等因素面临严重的流动性问题。因此，监管部认为以下问题需要进一步研究：是否要求做市商在账户中保持和其空仓风险相应的最低资本金；无论是对做市商，还是对清算会员都应对其持有的空头总头寸设置保证金要求；是否应该考虑减少关于某个清算会员的期权做市商保证金总额不能连续5个工作日超过清算会员净资本10倍的规则；是否应去除某些期权做市商在个别情况下可能对其期权保证金免于保持最低资本要求的条款；具有清算资格的期权做市商是否应被允许帮助那些没有相同净资本要求的独立做市商进行清算；是否应对做市商账户的自有资本金支出做限制。

④发行人回购活动

与《布雷迪报告》的发现一致，监管部认为标普500指数中的部分公司在10月19~23日期间宣布股票回购和其他后续行为有利于股价的稳定。同时监管部还发现，大部分公司都符合10b-18规则的要求，但是大宗交易规避了很多该规则下的关于股票交易量的限制。因此，监管部表示会继续研究股票回购的影响以及修改10b-18规则的必要。

⑤交易所运营情况

监管部特别注意到，许多交易经纪商由于巨量卖单涌入，并且至少一个主要服务器出现了运营故障，导致订单传输和交易报告产生了延迟。因此，监管部建议要对交易经纪商运营能力进行认真检查。

监管部指出，一些交易所的订单传输和执行系统在执行交易时也出现了显著的延迟，其中一个交易所系统完全超负荷，丢失了所有订单和交易记录。监管部强调了交易所及时向其会员公司通报系统故障和延迟的重要性。另外，监管部还强调，特别是在某一系统陷入崩溃，交易订单被传输到另一个市场时，市场间的协调必须改进和加强。关于跨市场交易系统（ITS），监管部发现当大量订单传输出现延迟时，ITS并没有执行向参与者提供重新开市前通知的程序，并且在参与ITS的交易所之间也缺乏基本的沟通。

⑥期权市场

分析期权市场时，监管部发现这些市场出现如下问题：一是过长的、延迟的开市流程；二是大量的、长时间的交易中断；三是指数期权权利金定价异常，尤其是看跌指数期权，其价格变化无常，经常和指数价格的变动毫无关系；四是做市商参与度下降，导致了期权市场交易不连续，缺乏流动性；五是由于做市商参与不足和交易所的限制，小额订单系统的利用受限。

因此，监管部建议交易所加强指数期权和其标的成分股间交易的协调。监管部还要求交易所研究加快开市前流程的方法并检讨关于做市商参与小额订单执行系统的规则。

⑦场外市场

监管部表示,场外市场出现了许多问题。第一,出现了大量锁定市场和交叉市场。第二,大量的延迟交易报告导致无法正常定价,从而使做市商离场观望。第三,各种与锁定市场、交叉市场有关的系统设计问题导致小额订单执行系统和其他自营小额订单执行系统的彻底关闭。监管部认为这些因素导致了做市商在纳斯达克市场参与度的显著下降。

监管部建议美国证券交易委员会和全国证券交易商协会重新考虑要求做市商将实际订单大小包含在其报价中,它们还建议全国证券交易商协会考虑在交易高峰时确保做市商能够通过电子交易系统交易其他做市商的订单报价。

⑧清算和结算

虽然清算机构、交易经纪商和交易场所成功合作完成了市场大跌期间前所未有的大量日内订单的核对、清算、结算,但是监管部认为以下几个方面仍有待提高:交易后处理流程及清算机构应对会员违约的制度。监管部鼓励纽交所、纳斯达克和美国证券交易所加速在交易日内完成所有交易的核对,同时还建议清算机构加强会员监管系统,以确保其获得准确及时的会员财务信息、在其他市场的交易行为和其客户的交易行为。监管部建议重新评估基本的波动率假设和以波动率假设建立的保证金计算公式。此外,监管部还鼓励期权清算公司(OCC)重新评估追加保证金的方式和时间,以确定是否可能获得会员破产的提前警告或者保护,尤其是在临近交易结束和银行关门的时间段。最后,监管部建议期权清算公司、商品交易行业和监管机构探讨协调其所属机构参与股票期权和股指期货市场交易的保证金要求和清算问题。

⑨国际问题

美国证券交易委员会监管部认为,全球主要市场间的彼此影响和反应十分迅速和显著,而且在大多数情况下,美国市场的大幅波动是全球市场的引导者。监管部认为,其他主要市场同样受到了巨大的抛售压力,而这些市场也必须解决许多类似于美国市场的问题。监管部还指出,境外投资者的活动并未在美国市场上造成过度影响。鉴于国际市场彼此之间的相互依存和影响,监管部建议全球监管机构加强合作,开发交易清算连接、建立跨国交易和报价报告机制、加强金融机构财务监督制度以及实施有效的执法和预警安排。

(3)金融市场工作组中期报告

1988年3月18日,美国总统统筹成立金融市场工作组(以下简称工作组),负责1987年10月股灾后续问题的具体立项、决议、上报和执行。工作组至今仍然是由美国证券监管委员会主席、CFTC主席、美联储主席以及财政部部长组成。

工作组认可了《布雷迪报告》的结论,即股票市场、期权和期货市场是紧密相连的,此外工作组还在1988年5月中期报告中提出了一些新的调查结果及建议。工作组发现有一些重要因素加剧了1987年10月19日市场下跌的规模和速度:交易量远超许多交易处理系统的处理能力;市场恐惧和各种不确定因素,包括对市场信息的及时性和准确性的怀疑、对交易对手信用风险的怀疑、对银行是否存在信用支持疑虑以及关于交易场所暂停交易和可能关闭的传闻,使众多市场参与者选择离场观望;信贷、清算和结算方面存在显著的压力。工作组的主要目标是解决这些不确定性,并把重点放在降低系统性风险上。在这方面,工作组在中期报告中给出了建立熔断机制,对信贷、清算和结算体系、保证金、应急措施等方面的改进要求以及对跨市场协同合作问题的建议。

①熔断机制

工作组建议对交易量大、速度快、易造成市场恐慌情绪的价格下跌实施熔断机制,即协同一致的市场关闭和重启交易。工作组建议,比如当道琼斯工业平均指数较其前一交易日收盘价下跌250点,则暂停交易

1个小时；当下跌400点，则暂停交易2个小时，这包括所有美国市场股票及股票相关产品（股票、个股期权、股指期权和期货）。

②信用风险、清算和结算

在信用风险、清算和结算系统方面，工作组建议：一是应明确市场参与者在清算和结算过程中的义务。二是应采取措施提高现有系统能力，以确保流动性的及时补充。三是探索降低现金支付和简化结算系统的手段。例如，期权采用期货式保证金制度，根据协议净额结算，缩短证券交易的T+5结算流程，以及市场清算的一体化。四是应考虑对股票交收、交割结算、期权及非股票类证券的质押要求，证券及期货经纪人破产规定等相关的法律框架进行完善。

③保证金

工作组无法就保证金水平达成共识。工作组认为必须采取最低保证金制度为金融系统提供足够的保护，尽管这个最低保证金不能涵盖所有的价格走势。工作组认为，提高保证金以涵盖所有可能的价格走势，会增加市场参与者不必要的成本，降低流动性并妨碍市场效率。工作组还一致认为，个股保证金应远高于股指期货合约保证金，因为股指较个股而言价格波动较少，而且期货市场的保证金追加周期明显快于现货市场。

关于将保证金水平提高到审慎水平之上以降低杠杆率或市场波动性的观点是否合理和有效，工作组无法达成一致意见。此外，就是否应该将保证金制度的监管置于联邦监管范围和应采取哪种形式，工作组也无法达成一致意见。

④应急预案

工作组认为，监管机构和自律组织应该制定快速发现问题并及时理性地制订应对市场危机的应急预案。因此，工作组认为必须拓宽各监管机构官员之间的沟通渠道。

⑤监管协调

《布雷迪报告》认为，应该由一家联邦机构处理几个关键的跨市场监管的问题，但工作组认为，保持目前已有的监管体系会比通过立法设立一个新的正式联邦机构更有效，而且这样做对现有监管体系影响较小。

1989年的迷你股灾

1989年10月13日（周五），美国证券市场再次经历显著的价格波动。道琼斯工业平均指数下跌190.58点（6.91%），其中87%发生在最后90分钟交易时段。下一个交易日（星期一）的交易也十分动荡，道琼斯工业平均指数再次下跌63.16点（2.46%），在开盘40分钟交易时段陡然下跌，然后突然向上，收盘较1989年10月13日上涨88.12点（3.43%）。虽然1987年10月事件和1989年10月事件不可完全类比，但类似的大规模的交易量和价格波动给监管部提供了一个对1987年股灾后美国证券市场采取的改进措施进行分析和评估的绝好机会。监管部对交易所市场、期权市场、场外市场以及清算和结算系统的表现进行了评估，并发现总体而言市场功能发挥有了大幅度的提升。

1. 交易所市场

经过对交易所市场的评估，监管部发现绝大部分场内做市商表现良好，但是也有一些场内做市商未能达到标准。例如，监管部发现，某些场内做市商在股票急速下跌时是该股票的净卖方。由于这些场内做市商表现的差异性，监管部建议对场内做市商设立客观的评判标准。此外，监管部还建议交易所采取进一步措施，以确保场内做市商拥有足够的资本金，包括分析对特定证券规定相应的资本金要求的可行性。

监管部在研究了1989年10月的事件后得出结论，交易所在经历了1987年股灾后运营能力显著提高。鉴于这次迷你股灾过程中发生的市场延迟，监管部强调交易所必须建立并定期实施全方位的压力测试计划，以确保交易所在承受压力的情况下仍能以公平高效的方式处理下单。

2. 期权市场

监管部发现，在经历了1987年股灾后，期权做市商的做市能力显著提高。股指期权开盘时间明显缩短，自动下单系统的运行连续且无中断。然而，由于暂停交易以及对标准普尔100指数期权的暂停行权，绝大多数指数期权在1989年10月13日下午晚些时候无法交易。因此，监管部建议期权交易所：第一，考虑制定相关程序，允许暂停交易后无须走完整个开盘过程即可重启交易；第二，考虑将标普500指数期货波动达到12个点时暂停交易的自由裁量权调整为以固定价格波动限制启动的交易自动暂停；第三，审查交易所暂停行权规定；第四，考虑制定标准来确定和规范做市商在极端波动市场状况下的义务和表现；第五，制定做市商参与自动下单系统的规定，以确保做市商在市场压力情况下仍能履行做市义务；第六，研究进一步缩短开盘流程的方法。

3. 场外交易市场

监管部发现，场外市场表现还算不错。然而1989年的迷你股灾却揭示了纳斯达克系统中的某些缺陷，其中最明显的缺陷表现在SOE[①]、SelectNet[②]使用不足，做市商无故退出在纳斯达克市场的做市。

在分析了SOE系统数据后，监管部认为10月16日交易量大增，导致报价变动率过高，数据传输中形成积压，未能很快地从纳斯达克交易主机向SOE系统运营主机传输。这种积压导致SOE系统暂时停机，推迟了SOE系统内交易的执行，并导致了一些订单以延时报价被执行。

监管部还指出，尽管针对无故退出做市有20日停牌的惩罚，但仍有

---

① SOE：小额订单执行系统。

② SelectNet：局网电子交易系统。

许多做市商从纳斯达克市场上退出交易,这和他们在1987年股灾中的表现一样。尽管在1989年10月16日,退出市场的做市商总量只是1987年的一半,但监管部认为这个数字仍然过高。

最后,做市商极少使用SelectNet。由于该系统是当流量过大导致电话通信困难时替代议价和交易的自动交易系统,所以监管部希望做市商能更多地使用SelectNet。

因此,监管部建议对场外交易市场进行如下改进:第一,纳斯达克通过加强检查和监测,增强其交易系统的运作能力,并保证系统容量维持在最高水平;第二,有内部交易系统的交易商应审查其系统的容量,并建立优先事项顺序,以确保订单增量期间的正常运行;第三,纳斯达克审查那些不履行做市义务的做市商,发现原因,并采取额外保障措施以防止这类违规的出现;第四,纳斯达克考虑进一步加强SelectNet系统,包括订单自动执行功能,保证做市商在无法及时回复订单的情况下执行交易。

4. 清算和结算系统

监管部认为自1987年10月以来在清算、交割等程序上所实施的改进措施,有效帮助了清算机构应付1989年10月13日和16日市场不断增加的波动性和随之而来的大规模交易量。不过,监管部指出,最紧迫的目标是保证在T+1日完成所有交易的核对,其长远目标是交易所在交易当日在场内完成所有交易记录的核对。

此外,与1987年相似,监管部指出波动率的提高对股票期权的清算和结算,特别是指数期权的影响最大。因此,监管部认为期权清算公司应该考虑将指数期权保证金提升到比1989年更高的水平。期权清算公司应该通过多种方式关注其会员在相关市场中的风险敞口以及他们的融资安排,这些会显著影响其会员及时履行义务的能力。监管部同时还认为应该在期权清算公司、芝加哥商业交易所和芝加哥交易所之间建立一个协调统一的清算时间，这将有利于整个市场的清算和交收。

市场监管的发展

为解决1987年市场崩盘中出现的系统性压力，很多新的监管措施得以实施。这些改进措施主要通过增强金融系统基础设施来减少或者消除风险。这些改进措施体现在许多不同领域，包括市场结构、交易自动化、清算程序、资本金要求以及国际合作等。本节将重点介绍一些主要的制度改进。

市场结构

市场普遍认为1987年的金融体系结构缺陷是造成市场混乱和证券、期货、期权市场急剧下跌的原因之一。这个问题集中体现在不同市场之间缺乏协调。尽管交易策略和金融产品将这些市场连接起来的情况十分普遍，但原有监管框架并未对此作出相应改变。因此，当金融系统面临由于未知的大幅抛压造成的极度压力之下时，这些金融产品和策略无法有效使用，使金融市场出现混乱。危机之后，市场结构发生了显著的改变，以解决1987年股灾中暴露出来的漏洞。这些改变中最显著的改善即是监管机构之间和不同市场之间的协调、市场控制措施的实施，其中包括跨市场交易暂停机制和《订单执行规则》下市场透明度的提高。

1. 跨市场协调的改进

自从1987年股灾后，跨市场协调情况大大改善。在监管机构之间的协调工作方面，金融市场工作组于1988年3月18日成立，以协调金融政策。工作组的首脑们，包括财政部部长和联邦储备委员会主席、证券交易委员会和商品期货交易委员会主席每隔数月进行一次会面。此外，国家经济委员会主席、总统经济顾问委员会主席、美国货币监理局局长以及纽约联邦储备银行行长也多次参加工作组会议。工作组提供了一个应对美国金融体系中复杂问题的政策协调、解决方案制订、各种建议汇总和一致行动的领导框架。除此之外，工作组还制订了在金融危机情况下的协调应急预案。

不同市场之间的协调情况也有所改善。1987年股灾后不久，证券市场、期权市场以及几家期货交易所成立了跨市场联络小组，并使用专用语音线路建立了名为"期货、期权和股票信息网络"（INFOE）的通信系统。该系统连接了各证券交易所和期货交易所，也连接了美国证券交易委员会和商品期货交易委员会。这个通信网络在市场承受压力期间可以将实时资讯同时发布在证券市场、期权和期货市场。信息内容涉及：熔断机制预警、实施或取消；延迟开盘或暂停交易的证券；纽交所证券订单不平衡的情况；合并报价系统（CQS）、期权报价机构（OPRA）、ITS、订单路由、执行系统或其他交易所系统遇到的运行问题等。1994年，美国相关监管机构建立了一个类似电话会议的系统，将美国证券交易委员会主席与其他证券市场和结算机构负责人连接起来，这增进了跨监管和跨市场的协调，减少了不确定性，改善了市场突然大幅下跌情况下的信息沟通。

2. 市场控制

（1）熔断机制

熔断机制的设计取代了不可预知的、随机的交易暂停，该机制是有计划的、协同的停盘机制，就这个机制整体来说，它不会扰乱正常的交易活动。整体市场的熔断机制有三个方面的好处：第一，熔断机制限制了信用风险，给狂热的交易提供了一个短暂的喘息之际，从而使各方确认每个交易对手都有清还债务的能力；第二，交易暂停提供了时间来公布订单不平衡信息以吸引价值投资者，有利于市场的价格发现；第三，它缓冲了对市场流动性的冲击，否则交易系统和设施可能会受到损害。

熔断机制的潜在缺点是其阻碍了交易和对冲策略的执行,事实上熔断锁定了投资者的风险敞口并使他们无法离开市场。然而,无论如何,在动荡的市场中熔断机制是不可以避免的。在1987年和1989年,熔断以订单处理系统阻塞,股票、期权、股指期货交易延迟的形式出现,当时通信反馈系统堵塞,场内外做市商做市意愿下降,无法对市场作出迅速的反应。《布雷迪报告》详细描述了这场不在预期内的交易暂停所造成的损失。比如,当纽约证券交易所的DOT系统被汹涌的订单量阻塞,交易延迟时,指数套利者为规避交易风险选择离场观望。他们的退出剥夺了股指期货市场的重要多头来源,虽然这看起来像是有益于股票市场,但是它却加大了期货贴水,进而又加大了股票市场的下行压力。所以,在一个狂躁和极速下跌的市场中,一个有序、协调的熔断机制可以为市场和所有参与者提供一个喘息的机会。

虽然在1987年以前也存在着各种交易暂停机制,但是没有同步协调的全市场交易暂停机制。因此,一些权威的报告呼吁推行股票、期货和期权市场步调一致地交易暂停和重启交易措施。熔断机制在1988年10月实施,最近又进行了如下修订:如果当前道琼斯工业平均指数与前一交易日收盘相比下降350点,全市场暂停交易30分钟;如果同一天道琼斯工业指数下跌超过550点,将再启动1小时的熔断机制。期货市场也有同样的规定,期货市场中的熔断机制是根据标普股指期货合约的价格波动设计的。

(2)应急指挥机构

《1990年市场改革方案》赋予了美国证券交易委员会额外的权力来处置突发事件,即在总统不反对的前提下,在紧急情况和极端市场状况下,SEC可以制定新的规则,停止所有市场的交易。该权力使SEC在面对突如其来的重大事件时,可以采取快速而果断的应对措施。

(3)其他控制市场波动的措施

1987年以后,其他控制市场波动性的措施也开始实施。为了减缓价格的大幅下降，股指期货市场采用了日内和每日最大价格限制。此外，纽约证券交易所也采取了措施来应对市场在快速和大幅波动时的程序化交易。如果当日的道琼斯工业指数比前一日收盘价值上涨或下跌50个点，根据《纽约证券交易所规则》80A（C），指数套利策略的程序化买卖订单和其执行，必须有利于市场价格的稳定。此外，如果标普500合约下跌12个点位（大致相当于道琼斯工业指数的100个指数点位），纽约证券交易所将对交易系统临时实施"并行程序"（Side-car）[①]，即将程序化订单移至一个独立的电子文件中，以评估市场订单是否失衡。

《订单执行规则》

1996年9月《订单执行规则》的通过是1987年市场崩盘之后市场结构最重要的改变。在一般情况下，这个规则要求做市商和场内做市商公布客户优于做市商价格的限价订单或在这些价位上增加买卖单的规模。此外，该规则要求场外做市商和场内做市商在任何证券上的自身交易量占比超过1%时，公布其对该证券的报价。此外，该规则还禁止做市商私下通过电子通信网络（ECN）对同一只股票公布一个与公开报价不同的报价。

这些变化提高了市场透明度，从而降低了系统性风险。在1987年和1989年，不确定性使投资者不愿意参与市场交易，甚至随着市场的急剧下行而完全退出，较高的不确定性使他们难以判断市场供求情况。《订单执行规则》通过帮助市场参与者提高判断供求关系的能力，降低了这种不确定性。此外，统一显示客户限价指令订单能缩小价差、增加市场深度和提高市场效率。美国证券交易商协会（NASD）关于纳斯达克股票的最新数据表明市场和投资者的确从这个结构性的变化中获益——价差下

[①] 纽交所于1988年开始执行"并行程序"系统（the side-car system），当标普500股指期货主力合约下跌12点时，系统将会把纽交所标普500成分股中的程序化交易订单移至一个独立的电子文件，以将买卖订单配对，来评估市场订单是否失衡。

降了30%、日内波动率有所下降,同时平均挂单数量有所增加,平均参与每只股票的做市商也有所增加。

自动化程度

自20世纪60年代初,交易量呈稳步增长。1981年后交易量的增速加快并在近几年呈爆炸性增长。举例说明,1990—1996年,纽交所平均每日交易量从1.61亿股增长至4.12亿股。在纳斯达克市场交易量的增加也同样引人注目,1990—1996年,市场平均每日交易量从1.32亿股激增至5.44亿股。为适应这一交易量的增长,市场已取消了原有人工传递订单和执行程序,取而代之的是自动化系统,即让自动化交易系统完成订单路由和执行。这些自动化交易系统成功地提高了整个市场的承载力和交易完成的速度和效率。此外,自动化系统也被用来提交成交和报价信息、及时发布结算前的交易核对等信息。

对自动化系统的依赖使这些系统的正常运行变得极其重要。从1987年的股灾和1989年的迷你股灾中可以看出,当系统无法平稳运行时,会对市场产生极大的干扰。为表示对这些系统的适当关注,美国证券交易委员会发表了两份关于自动化评估的政策声明(Automation Review Policy,ARP I和ARP II)。

ARP I于1989年11月发布,阐述了美国证券交易委员会的观点:自律组织应设计一整套计划和评估程序来确定系统容量和系统潜在的漏洞。SEC强调,这一计划应该有三个目标:第一,各自律组织都应该对当前和未来的系统容量有一个合理的判断;第二,各自律组织都应定期对交易系统容量进行压力测试;第三,就交易系统是否可以达到预估容量或在系统遭遇潜在威胁情况下能否正常运行等问题,各自律组织应每年一次获得第三方给予的独立评估报告。

美国证券交易委员会(SEC)在1991年5月9日发布ARP II,进一步细化了部分ARP I中提出的问题。ARP II针对独立评估的性质和形式提供了指导意见，建立了一个标准化的评估方法，使委员会工作人员比较系统地了解新交易系统的开发和故障处置等内容。

在这些政策声明发布的同时，美国证券交易委员会建立了自己的ARP体系，要求委员会工作人员定期走访自律组织，并对其计算机系统进行多方面评估。另外，委员会已对各大券商的系统容量进行了抽查。

这一监督对保证市场有充分的准备应对可能出现的剧烈波动的交易情形有很大帮助。大多数交易所目前已经有超出其平均交易时段3倍的额外系统容量。NYSE目前日均交易5.05亿股，其交易系统可以处理最多25亿股订单（平均容量的5倍）。芝加哥期权交易所目前日均成交73.3万手合约，系统最多可以处理200万手合约（平均容量的3倍）。纳斯达克交易所目前日均成交6.22亿股，在不影响系统正常运营情况下，最多可处理10亿股交易。

目前主要经纪交易商电脑交易系统也应该可以应付波动较大的交易日。主要经纪交易商系统的容量是平均容量的两倍。这些系统可以进行在线性能监测，可以发现潜在的瓶颈并提供重新传送信息的通道以缓解系统排队。此外，主要经纪交易商还利用容量模型和验证模型等，确保其系统始终有应对交易量和信息量增长的能力。确保金融系统订单路由和执行系统有充足的容量，有效降低了系统风险发生的可能性。

清算和结算

1987年股灾后，清算和结算系统的有效性几乎遭到了所有权威研究报告以及金融监管机构的质疑。时任财政部部长布雷迪指出，清算和结算系统是国家金融体系中最薄弱的环节。联邦储备系统理事会主席艾伦·格林斯潘提出"在1987年股灾后，这个领域被布雷迪委员会认为是美国金融体系中潜在的漏洞。1987年10月清算系统的超载引起了系统性故障,大大增加了投资者的不确定性,并很可能对价格造成额外的下行压力"。纽约联邦储备银行行长杰拉德·克里根(Gerald Corrigan)甚至表示,"金融体系整体稳定性(在1987年股灾时)的最大威胁是这些清算及结算系统中的某一个发生严重违约"。

许多已经实施的改革都旨在解决1987年清算和结算系统中存在的系统性风险,主要包括:对券商的标准结算时间从5天减少至3天;采用当日资金结算;针对主要证券和期货结算机构实施一系列交叉保证金制度和交叉担保协议;显著增加结算资金;建立监控系统以协助清算机构更好地监测参与者的风险,如果发现问题可以及时与其他证券及期货结算机构分享信息。

1. T+3结算

虽然在1987年美国的清算和结算系统是在世界上最安全的,但1987年10月市场创纪录的交易量和波动率表明这一领域仍需要进一步关注。在美国证券监管委员会前主席布里登(Breeden)的授意下,美国三十国集团委员会组成了特别专案小组,并由爱德华·琼斯公司的(Edward D. Jones & Co.)执行总裁约翰·巴赫曼(John W. Bachman)主持。专案小组的职责是评估哪些对清算和结算系统的修改是必要的,同时找出切实可行的解决方案,并规划这些方案实施需要多少时间。专案小组于1992年5月提交了分析报告,其主要结论是"时间=风险"。因此,这份报告中有很多建议是缩短清算流程所需要的时间。

专案小组建议将上市公司和市政证券的结算周期减少至T+3。专案小组认为,T+3方案相比之前T+5的清算周期来说,可以把全国证券清算公司的风险降低58%。据此,SEC提议将股票经纪交易的标准结算时间确立为3个交易日。专案小组在审阅了1900多封建议信后,于1993年10月6日通过了这项议案,议案于1995年6月7日生效。

修改为T+3的时间框架减少了结算风险,从而提高了清算和结算系统的安全性和可靠性。首先，在任何一个时点上，未结算交易的信用风险和市场风险大幅减少了，正常订单执行和结算之间交易盈亏变化的时间缩短了。其次，投资者参与这两个市场间的资金流转加快，降低了衍生品和现货市场的流动性风险，同时也降低了融资成本。最后，较短的结算周期可以鼓励结算机构和经纪交易商提高运营效率。

2. 当日资金结算系统

1996年2月22日，美国金融行业迈出了重大的一步，所有清算会员必须将原有的清算系统更换为当日资金结算系统[①]，这解决了结算支付的最终性和流动性的问题。就是说当日结算时，清算会员资金划转即时生效且立刻可以使用。当日资金结算系统通过简化现金管理，降低了清算和结算流程中的风险，降低了原有的隔夜风险，并实现了与衍生工具市场、政府证券市场和其他市场的付款方式的紧密整合。

3. 跨市交叉保证金协议

1987年以来，期权清算公司（OCC）与跨市场结算公司（ICC）、CME、CBOT结算公司、纽约商品期货交易所清算公司以及堪萨斯交易所清算公司等共同建立了跨市交叉保证金计划。这些跨市交叉保证金计划能通过降低清算成员每日保证金总额，以及降低金融市场大幅波动时可能出现因追加额外保证金等情况而产生的相互拖欠，提高市场的流动性和市场深度。这些计划一般以市场参与者的日末头寸来确定每日所需保证金的总额。

4. 跨市交叉担保协议

不同清算机构间的交叉担保协议一般规定当双边清算机构所共同

---

① 当日资金结算系统（The Same-day Fund Settlement）即银行等其他大型金融机构间在对美国国债、短期市政债券、中期商业票据、抵押担保债券等其他低风险债券进行交易时所采用的结算方法，其要求资金在交易对手间进行当日结算。该系统于1996年2月开始实施。

服务的市场参与者出现违约时，违约方在满足其对一家清算机构义务后的剩余资金可以用来支付另一家有担保协议的清算机构。该担保协议同时有一定的限制，即只有当各参与方将所控制破产客户资产平仓后获得净收益，并且仅以这个净收益数额为限，向担保协议的另一方提供担保。这些协议能够减少清算机构共同会员违约带来的系统性风险，因为一个会员可能拥有多个市场的头寸，即使其在一家清算机构的头寸净值为负，但是其在另一家清算机构的头寸净值可能为正。截至目前，全国证券结算公司（NSCC）已经和存管信托公司（DTC）签署了跨市交叉担保协议。此外，抵押贷款证券清算公司（MBS Clearing Corporation，MBSCC）、政府证券清算公司（Government Securities Clearing Corporation，GSCC）、存管信托公司（Participants Trust Company，PTC）以及国际证券清算公司（ISCC）已经修订了它们的监管规则以使其能够参与和包括期货清算机构在内的其他清算机构间的跨市交叉担保协议。

5. 流动性提升

1987年以来清算机构采取的另一项预防措施是显著提高其流动性。期权清算公司将其总清算基金存款数提高至5.55亿美元（1987年为4.54亿美元）；其权益类最少清算基金存款额上升至75000美元（1987年为10000美元）；其总保证金存款额增长至接近85亿美元（1987年为30亿美元）；其会员初始净资本要求由1987年的15万美元增加至100万美元，并且最少净资本要求由1987年的7.5万美元上升至75万美元。1987年，期权清算公司的未担保信用额度仅为1000万美元。目前，其担保信用额度达到1.5亿美元，未担保信用额度达到2000万美元。

存管信托公司和全国证券结算公司也进行了相似的改进。存管信托公司全部参与者资金超过6.58亿美元（1987年为2.27亿美元），并且其总信用额度由1987年的6000万美元上升至现在的7亿美元。全国证券结算公司也将其总清算基金存款提高至7.64亿美元（1987年为3.3亿美元）。

1987年全国证券结算公司没有信用额度，而目前其总信用额度达到了4亿美元。

6. 风险控制的改进

期权清算公司开发并实施了其他一些系统改进来降低清算和交割中的系统性风险，包括：理论跨市场保证金系统（Theoretical Intermarket System），该系统采用一种复杂的以风险敞口为基础的方法来计算保证金；期权自动结算指令系统（Options Automated Settlement Instructions System），即一种通过电子通知和确认的形式完成期权结算的系统；风险管理系统，这种复杂的风险分析系统能帮助期权清算公司的清算会员以及各交易所以采用和期权清算公司相同方法来管理其客户和会员的风险。

1995年，全国证券结算公司开发了担保品管理系统（CMS），其中全国证券结算公司从市场参与者和其他清算机构那里收集并提供给他们有关市场参与者清算资金、保证金以及在清算机构存款的信息。担保品管理系统能帮助清算机构和市场参与者更好地监控清算资金、保证金和其他储蓄，当某个会员对清算机构违约时能尽量保护清算机构免于损失。存管信托公司、费城股票清算公司（SCCP）、费城存款信托公司（Philadep）、GSCC、MBSCC以及期权清算公司都获得了SEC的批准，可以参与担保品管理系统服务。

7. 建立证券清算集团和统一清算集团

自1987年以来，还有许多关于增强不同证券和期货清算组织间合作和信息共享的倡议。作为这些倡议的一部分，几家美国主要证券清算组织在1989年组建了证券清算集团（SCG），期货清算组织于1995年也加入了这个集团，并建立了统一清算集团（Unified Clearing Group）。

证券清算集团促使不同清算机构间的协调行动并鼓励它们发现和处理清算机构共同面临的问题，降低清算风险。合作主要通过以下两个方面进行：一是以合作为宗旨与其他清算机构分享有关的财务、运营和清算信息；二是在不同清算机构间采用统一的清算流程和标准。

资本水平

在《1987年市场崩盘报告》中，监管部指出一些做市商和场内交易商几乎耗尽了其购买股票的资金或者濒临倒闭。尽管期望每一个市场参与方都能有足够的资本应对极端行情下的抛售压力是不切实际的，但是金融系统保持足以应对市场正常波动的资本金水平是极其重要的。经过论证，所有权威调查报告都得出了应该重新审视最低资本金要求的结论。根据这一结论实施了诸多措施，其中最重要的措施包括提高整个金融系统中资本金水平、加强SEC监控交易经纪商财务状况的权力，以及强化投资者保护措施等。

1. 提高资本金

当前金融系统的资本金比1987年更多，这要归功于经纪商和监管机构的共同努力。经纪商通过提高自身资本金水平和资金的流动性改善了整个金融系统的资本金水平。自1987年以来，最大的15家经纪商的所有者权益总体提高了24%，净资本总额增加了64%，额外净资本增加了65%。与此同时，这些机构将它们总资产中股票市值头寸占比由1987年的5%降低到现在的2%，以此降低其在极端市场情况下的风险暴露。

此外，自1987年以来这些机构也降低了自身对银行短期融资的依赖。在1987年，经纪商严重依赖银行提供的短期借贷来满足其执行或清算证券交易、在客户缴款前在银行存入大量的保证金或者平掉回购头寸所需要的融资需求。如今，这些机构扩充了其融资来源。比如，经纪商已经成为了商业票据市场活跃参与者。纽交所最大的五家经纪商表示商业票据融资已经占其全部短期融资额的一半。另外，大型经纪商都制订了应急计划，以在融资危机时通过削减资产负债表或者从银行、其他借款机构获得应急信用证来提供流动性。这一系列措施增强了几家主要经纪商抵御极端市场下跌行情的能力。

交易所采取的措施也提高了金融系统的资本金水平。比如,纽交所将场内做市商最低资本要求增加到最少100万美元或者交易头寸的25%。

纽交所为增加交易所系统资本金所采取的另一项措施是废除禁止大公司开展场内做市业务的条款。纽交所和SEC一致认为,市场中机构投资者的增多以及波动率的增大将要求场内做市商必须拥有更多的资本并且能够承担更高的市场风险来应对越来越大的订单,同时缩小短期市场价格波动。为此,从资本金实力的角度来考虑,纽交所更青睐那些规模大或混业经营的会员,因为这些会员拥有扩大业务的资源并且能够提供必要的资金来加强纽交所场内做市商系统的基础资本金。

为了吸引这些机构收购或与场内做市商合作,纽交所废除了一些关于禁止在纽交所注册的场内做市商充当任何相关证券的主发行承销商的角色等条款。这项条款最初旨在消除同一证券主承销商和相关证券的场内做市商之间的潜在利益冲突。1987年10月市场的剧烈波动以及伴随而来的场内做市商资金紧张的情况表明上述禁止条款令大型交易经纪商无法开展场内做市商业务将会产生的负面影响。因此,交易所认为取消禁令为整个交易商系统增加资本所带来的好处远远超过了禁令可能减少利益冲突的好处。

交易经纪商资本金水平的提高、融资来源的增多、场内做市商最低资本金要求的增加以及不必要监管限制的取消使整个资本市场的资本金更加充足,有助于减少市场的系统性风险。

2. 加强监控

除了设置审慎的资本金水平外,SEC还通过实施风险评估项目以及修改SEC规章15c3-1规则(净资本规则)来提高其对资本金水平的监控能力。规章的第17（h）节以及所颁布的规则要求经纪商必须保留对经纪商财务和运营状况（净资本、流动性和对其运营进行融资的能力）产生重要影响的关联机构（Associated Persons）的风险评估信息。规则17h-1T对交易经纪商提出了详细具体的标准，包括哪些关联机构的交易记录需要报告和记录。要求记录的内容包括风险管理制度的信息、财务数据（包括合并前和合并后的财务报表）、证券和商品头寸数据以及其他各种财务和证券相关信息。

风险评估计划的重要性表现在两个方面：第一，增强了SEC监控主要经纪商和其附属机构财务状况的能力；第二，对这些信息的汇总需要经纪商定期评估自身的财务状况，有助于增强经纪商发现潜在问题的能力。

为加强对资本水平的监控能力，SEC在1991年对《净资本规则》进行了修订。修改后的规则要求经纪商在计划向母公司、股东或者相关机构上缴超过一定比例的资本金之前，应向SEC和有关的自律监管组织提交书面通知。这些"绝缘防范"（Ring-fencing）规则的修订能够在资本可能突然快速撤出市场时，帮助提醒监管机构及时采取措施应对潜在风险。

3. 提高投资者保护

1970年，《证券投资者保护法案》所设立的证券投资者保护基金（SIPC）保护投资者在经纪商破产时获得证券或现金损失有一个上限的补偿。证券投资者保护基金已经采取行动，通过增加其保险基金规模来进一步保护投资者和金融体系。1987年，证券投资者保护基金总额接近3.79亿美元，而1997年2月15日，证券投资者保护基金拥有账户金额接近11亿美元（较1987年增长190%）。此外，证券投资者保护基金还可以在需要时在若干家银行获得超过10亿美元的信用额度，以及可以向财政部筹措10亿美元的紧急借款。通过增加保险基金，证券投资者保护基金已经显著地提高了对破产经纪商客户的保护能力，增强了投资者对美国证券市场的信心。

国际合作

正如1987年市场崩盘所表现出的,忽视不同市场间的联系将导致灾难性的结果。因此,随着国际市场间联系的不断加深,SEC不断加强与其他国家的监管协作。为此,SEC持续不断地积极参与旨在加强各国间监管协作的一些国际组织,包括美俄资本市场论坛、三十国集团、国际证监会组织(IOSCO)、美洲证券监管协会(COSRA)、威尔顿公园集团(The Wilton Park Group)、联合论坛(The Joint Forum)、四方论坛等。

此外,SEC也与外国监管机构建立了正式和非正式监管合作关系,并且建立了一系列信息收集机制来减少通过外逃方式躲避本国司法检查和指控的行为。